张远航 ◎ 主编

中国近代马克思传记稀有版本文献

②

马克思传及其学说

【德】马克斯·比尔 ◎ 著

易桢 ◎ 译

中央编译出版社

图书在版编目（CIP）数据

马克思传及其学说 / （德）马克斯·比尔著；易桢译 . -- 北京：中央编译出版社，2025.6. -- （中国近代马克思传记稀有版本文献 / 张远航主编）. -- ISBN 978-7-5117-4922-2

Ⅰ．A711

中国国家版本馆CIP数据核字第2025VM6572号

马克思传及其学说

选题策划	张远航
责任编辑	周雪凝
责任印制	李　颖
出版发行	中央编译出版社
地　　址	北京市海淀区北四环西路69号（100080）
网　　址	www.cctpcm.com
电　　话	（010）55627391（总编室）　（010）55627312（编辑室）
	（010）55627320（发行部）　（010）55627377（新技术部）
经　　销	全国新华书店
印　　刷	廊坊市印艺阁数字科技有限公司
开　　本	710毫米×1000毫米 1/16
字　　数	94千字
印　　张	15.5
版　　次	2025年6月第1版
印　　次	2025年6月第1次印刷
定　　价	2380.00元（全7册）

新浪微博：@中央编译出版社　　微　信：中央编译出版社（ID：cctphome）
淘宝店铺：中央编译出版社直销店（http://shop108367160.taobao.com）（010）55627331

本社常年法律顾问：北京市吴栾赵阎律师事务所律师　闫军　梁勤
凡有印装质量问题，本社负责调换，电话：（010）55627320

馬克思傳及其學說

Max Beer 著

易 楨 譯

出版者　社會科學研究會
經售處　滬濱書局

1930　4　6　付排

1930　5　9　出版

版權所有

每册實價七角

紀念英勇的亡友九韶

小 前 言

近代世界的巨大事變，時時處處都證明了馬克思底偉大的教訓是鐵一般地眞實，是推動世界革命的一枝最有力量的槓杆，儘讓那般"吠堯"的"桀犬"是怎樣猖猖地狂吠着，也終於只是白費氣力而已。

要澈底理解這位科學社會主義底創造者——馬克思底偉大教訓，首先便不可不熟悉他底生平奮鬪底經歷。Max Beer 底這一本"馬克思傳及其學說"是一本短小精悍的作品，他把馬克思底精神發展過程，社會活動事業，很扼要地，很精彩地指陳出來，後邊又很簡明地，正確地敍述了馬克思底學說，讀了之後，再進而研究馬克思底其他著作，當有"迎刃而解"之樂。本書多少可給研究科學社會主義的朋友們一些幫助，這是引起譯者譯這一本小書的動機。

本書是根據T.C. Partington & H.J. Stenning底英譯本譯出來的。譯文除很少的幾點，爲求語意明白起見纔稍取意譯外，十之九都是直譯的。有幾處是請P.I.君根據俄文譯本改的，應該在此致謝。有幾處引證"哲學底貧困"上面的語句的，也參照了H.Quelch底英譯本；有一處引證"魯意波奈巴特底霧月十八"上面的語句的，是參照 Eden & Cedar Paul 底英譯本譯的。中間述"巴黎公社"的一節，原本太簡略，是從D. Riazanov 著的"馬克思與恩格爾思"一書底英譯本中摘譯下來補入的。這兩點應該在此聲明。

本書譯文在譯者是力求忠實的，但因譯者底學識謭陋，恐仍包含有不少的錯誤。希望明達的朋友們根據德文原本或英文譯本予以指正，俾再版時得有糾正的機會，實不勝感激。

五月一日，一九三〇，譯者。

目 錄

緒論……………………1—36
  1. 馬克思底意義………………… 1
  2. 黑格爾底功績………………… 7

I. **父母與朋友**………………37—57
  1. 馬克思底初學時代………37
  2. 學生時代……………………40
  3. 公衆生活底開始……………53

II. **馬克思主義底形成時代**…5 —94
  1. "法德年書"………………59

2. 與恩格爾思的友誼……………65
3. 與包爾和露格的辯論…………68
4. 與浦魯東的辯論………………76

III. 狂風暴雨的年代與命運底變遷 …………… 95—136

1. 四十年代底革命精神…………95
2. "共產黨宣言"…………………99
3. 1848年底革命………………… 108
4. 倫敦旅況……………………… 112
5. "國際"………………………… 117
6. 巴黎公社……………………… 124
7. 生命底黃昏…………………… 131

IV. 馬克思主義體系………137—222

1. 唯物史觀……………………… 137
2. 階級,階級鬥爭與階級意識……156

目 錄

3. 勞動運動底任務與無產階級專政 …………………………… 164
4. 經濟學說綱要 ………………… 176
   a. "資本論" ………………… 176
   b. 價值 ……………………… 179
   c. 工錢與勞動 …………… 184
   d. 剩餘價值 ……………… 188
   e. 利潤 ……………………… 193
   f. 平均利潤率 …………… 199
   g. 剩餘價值為社會動力 …… 206
   h. 經濟的矛盾 社會底崩潰及其改造 ……………… 217

V. 結論 ………………… 223—232

緒　論

1. 馬克思底意義

卡爾·馬克思是屬於把偉大有力的"思想酵母"投進世界,而推動人類羣衆的哲學的社會學的大思想家一類的人。他們激醒了睡眠着的懷疑與矛盾。他們宣示了新思想方法,新社會形式。他們底思想體系也許遲早可以湮沒,無情的時間底前進也許最後可以把他們底理智巨廈夷爲廢墟,然而他們却把無數人們底精神鼓動起來了,把無數人們底心靈燃燒着了,在他們上面印上了顯著的特徵而一一遞嬗於後世。這是最偉大光輝的活動,任何人類皆能被喚起來的最偉大光輝的活動。因為這些思想家曾經生活過,曾經活動過,他們底同時代人和繼承者就思想得更清晰,感覺得更深刻,智識與自覺也就更豐富而深刻。

哲學與社會科學史是構成於這樣的思想體系與宇宙觀。牠們是人類歷史底指數。這些思想體系中沒有那一種是全備了的,是包括盡了一切人類動機與能力的,是發揮盡了一切人類社會底力量與思潮的。牠們不過表現了一些片斷的真理,可是這些片斷真理終究是有效果的,有成功之一日的,因為牠們把光明照進了產生牠們的"時代"底智識混亂之中,終究要激醒這時代底意識,使牠底前進的發展更少些困難,使牠底最強健底精神能在嚴重時期,具着堅定的目的樹立起來。

黑格爾以一種相似的意義表現他自己,他說:"當講到一種'哲學底被駁斥'(Refutation of a Philosophy)的時候,普通總是含着一種抽象的,否定的(完全破壞的)意義,所以這被駁斥了的哲學,不復有任何眞實性，是要被廢黜，被消滅的。若果如此，則哲學史底研究必將被視爲是一種完全無聊的事情了，因爲這種研究所教給人們的只是：每種在時間行程中所發生的哲學體系，終究是要被駁斥的。但是若果承認每種哲學都要被駁斥，則同時也必須承認沒有一種哲學曾被駁斥，也永遠不能被駁斥……因爲每種哲學體系都是被視爲在觀念底進化過程中的特定時間或特定階段底表現。哲學史底總和不是一種人類理智底錯亂現象底展覽室，寧可比之爲一種'衆神底廟堂'（Pantheon of Deities）。"——（黑格爾，"百科全書"第一卷，第二章，註二。）

黑格爾這裏所說關於哲學的，也可適用於社會科學底體系以及藝術底風格與體裁。一種體系之被他種體系所代替，乃是反映社會進化各階段底歷史的連續的。爲這一切體系所共有的特徵是這一切體系底生命力。

雖然這一切體系也有其缺點與困難，然而却

有一種活躍精神由牠們湧現出來，這種活躍精神底影響是同時代人誰也不能逃免的。反對者可以千辛萬苦地攻擊這些體系，指摘其缺點與矛盾，然而智盡能索，他們也不能達到目的：他們底邏輯的翻根掘底，他們底悻悻然的攻擊，想破壞那富於創造性的天才所曾滲進其工作中的活躍精神，終於徒見其"作偽心勞日拙"而已。這種活躍精神所給與我們的深刻印象，是形成我們賞鑑科學藝術之成就的主要原素之一。僅有形式的美備，時代底生命不能由之而跳動的，絕不能創造出這個印象來。

人們往往責備司考德(Walter Scott)，說他底小說底結構有缺點與矛盾，他曾以下面的故事來答覆，道：一個法國雕刻家，僑寓羅馬，總喜歡把其同國人之有藝術興味而旅行到意大利的，引到葛皮特爾(The Capitol)，把馬卡斯·奧里略(Marcus Aurelius)底騎馬雕像指給他們看，並且總是口沫橫飛地講給他們聽，說那匹馬模造的缺點很多，說牠不適於解剖底需要。有一次，在他批評過後，一個遊覽者叫他自己照着正確的原則，雕刻一匹馬出來，以具體的形式來證明他底話。這位批評家於是開始工作起來。一年以後，當他底朋友們重遊羅馬的時候，他把他所雕刻的馬拿給他們看。他底這匹馬在解剖上說來，是很完備的，他驕傲自得地把牠帶到葛皮特爾，去比較這兩件產品，以為這樣他可以慶祝勝利了。那位法國雕刻家聚精會神於他底批評的比較，過了一會兒，他底真誠的藝術感情發露了，於是很傷心地叫起來，"Et pourtant cette bete-la est vivante, et la mienne est morte!"（啊，那匹馬是活的，我的呢，是死的!）

大多數批評馬克思者，都是像這一位吹毛求疵的法國雕刻家一樣。他們底形式的和邏輯上完備的經濟學說以及歷史哲學體系，充滿了一些迂腐瑣屑的細節定義，然而却是死板的，無效果的。他們不能使我們與時代底關係相接觸，至於馬克思，却遺留了無數關於社會科學的觀念和教訓給全世界底被壓迫被剝削的羣眾，這些觀念和教訓現在已成為洶湧於全世界的廣大思潮了。

在彼得格勒，在東京，在柏林，在倫敦，在巴黎，在庇茨堡(Pittsburg)，人們都講着資本主義與資本主義制度；講着生產手段與階級鬥爭；講着改良與革命；講着無產階級與社會主義。馬克思底影響之廣大，可由世界戰爭之經濟的解釋表示出來，這種解釋就是堅決地反對唯物史觀的人們也都接受的。馬克思死後幾十年，資本底權威顯然萎縮了，工廠委員，商店管事都起來干預生產過程，社會主義者與勞動者充滿了各國底國會，工人及其代表在國家或帝國中佔據了或奪取了政治權力底最高地位。他們底這樣的一些勝利將不會得着馬克思底允許，假若馬克思還在活着的時候。他底理論，是具着不可抑制的情感的白熱，主張"新法律底石碑"(The New Tables of the Law)要在狂風暴雨之中給予人們。但是主要的事還是在無產階級以鐵錘來擊碎其自己的鎖鍊。我們現在是處在社會主義社會底進化之第一個階段。這個進化底過程,在其邏輯的發展上,無論經過怎樣的形式,然而這總是一定的:只有由無產階級政黨底堅決的領導與無產階級自身底強大的組織,纔能把這一進化過程推進到完成底地步。

我們已經引過黑格爾底語句。現在我們必須在這裏簡單地解釋一點黑格爾對於這一主題的貢獻。不懂得這一點,人們將不能理解在馬克思底生活及其影響中的重要原素,甚至不能理解其學生時代的最初的理智的造詣。

2. 黑格爾底功績

直到十八世紀末,無論有學識的人與無學識的人,哲學家或冬烘先生,都有一點這樣的一般觀念:世界或是被創造出來的,或是從"無始"以來卽存在着的。牠或是被一個擬人的,超自然的神或宇宙精神所支配着,或是被"自然"所攝維着以運行,有如一架美妙的機器。牠是依照永久規律存在着的,是完全的,被注定了要去完成某種目的的，不變的。在世界中所發見的"事物與存在"(Things and beings)被劃分為"種"，"屬"與"類"。一切都是固定的，不變的，永久的。"事物與存在"在空間中是相互連接的，在時間中是相互縣延的，自"無始"以來卽是如此。世界和人類底偶然和事變亦然。這樣的一些諺語："在太陽之下沒有甚麼新事物"，"歷史重複演習着牠自己"，不過是這種見解底通俗的表現。

與這種哲學相關聯的是邏輯學（Logic），或稱之為思維規律底科學（希臘文"Logas"這個字，卽是"推理"，"談話"的意思）。牠教人們怎樣運用其推理力，怎樣合理地去表現他們自己，概念是怎樣發生的（譬如，人類怎樣認識這些概念：石頭，樹木，動物，人類，道德，罪惡等等）；更進一步，怎樣把這樣的概念結合起來成為判斷（命題），最後，怎樣從這些判斷引伸出結論。這種邏輯呈現出人類精神底理智過程。這是由希臘哲學家亞里斯多德（紀元前384年——322年）建立起來的，一直到十九世紀初,這種邏輯實質上沒有甚麼變化,因而我們底整個宇宙觀也就沒有甚麼變化。這種人類理智過程底科學是基於思維底三種基本規律,這三種基本規律最能表現出牠底特徵來。正如一個檢查官對於一個囚犯,審視鞫訊,檢察比勘,以便避除"不確定性"和"矛盾",所以這種邏輯也就始於建立其所要處理的概念的同一性。因此,牠就設立了"同一律"(The Principle of Identity)以為思維底第一個規律:同一律是這樣的:甲＝＝甲,就是說,每一事物,每一存在,都是如其自身一樣;牠有牠自己的,為牠自己所特有的個性。更明白一點說,同一律確證了地球就是地球,國家就是國家,資本就是資本,社會主義就是社會主義。

從這裏又生出思維底第二個規律,即"矛盾律"(The Principle of Contradiction)。甲不能是甲又是非甲。或照我們上面所舉的例子說,地球不能是地球又是火球;國家不能是國家又是無政府;資本不能是資本又是貧窮;社會主義不能是社會主義又是個人主義。所以,必須沒有矛盾,因為自相矛盾的東西就是悖理;但是,假若這種情形或在實際中,或在思想中發生了,則對於這一規律只是一種偶然的例外,或說是一種異常的不規則現象。

從這一思維規律又直接生出第三個規律,卽"拒中律"(The Princple of the Excluded Middle)。一物或是甲,或是非甲,沒有中立餘地。或照我們所舉的例說,地球或是一種固體,或者,假若牠不是固體的,牠就不是地球,沒有中立餘地。國家或是君主政體的,或者,假若牠不是君主政體的,就不是國家。資本主義或是壓迫的,或者就完全不是資本主義。社會主義或是革命的,或者完全不是社會主義,沒有中立餘地。

形式邏輯就是始於這同一,矛盾,拒中底三種理智的規律。

這種邏輯只是處理那些呆板的,永久的,不變的,武斷的概念,略像幾何學一樣,只能討論明確地有界限的空間形式，這是很顯然的。舊的世界哲學底說明就是如此。

到了十九世紀初，一種新的世界概念開始開拓了一條新的道路。這世界，如我們所見的，或者從書本去認識牠，既不是被創造出來的，也不是從不可記憶的時間以來就存在着的，而是從不可計算的年月底行程中發展來的，而且現在還是在發展底過程中。牠曾經歷了無數的滄桑變化。地球原來是一種"氣團"（Gaseous mass），然後成一種火球；存在於地球上的"事物與存在"底種屬，半由"漸變"，從這一種屬漸漸過渡到那一種屬而來的，半由"突變"底結果出現的。在人類歷史中正如在自然界中是一樣的；家族，國家，生產，宗教，法律等等底形式與意義都是受着發展底過程支配的。萬物都是在流動中，在變化，生長，與消滅底狀態中。宇宙中沒有甚麼東西是固定的，永久的，不變的。

有了這種新概念，舊的形式邏輯遂不復能滿

足理智的發展了；牠不能適當地處理在進化狀態中的事物了。思想家以拘泥呆板的概念去工作活動,一天一天更加成爲不可能了。從十九世紀初,人們卽在探求着一種新邏輯,而照着進化底宇宙過程,苦心經營,努力去組織一種新邏輯的,則是黑格爾(G. W. F. Hegel, 1770——1831)。這個任務對於他似乎更迫切,因爲他底全部哲學底目的是在把思想與存在,理性與世界引入於最密切的聯繫與一致,把牠們視爲是不可彼此相互分離的,視爲是同一的,而且把宇宙表現爲"理性底漸次體現"(The gradual embodiment of Reason)。"凡是理性的,都是眞實的;凡是眞實的,都是理性的。"哲學底任務就是去"理解眞相"(To comprehend what is)。每個人都是他底"時間"底產兒。就是哲學,也是牠之被把捉在思想中的時間。沒有那個人能夠跳過他底時間("法律哲學"序)。黑格爾,在他底方法上說,他不是一個抽象的思想家,離開實際而自由地冥思,這是很顯然的。他寧是以物質的內容給予抽象的純粹的觀念，而使牠成爲一種具體的東西。沒有"現實"的"觀念"，和沒有"觀念"的"現實"，在他看來，好像是不可思議的。因此，他底邏輯不是僅僅討論思想底規律，而且必須同時還要考察宇宙進化底規律。僅僅把翫思想底形式，而閃脫了觀念，如舊邏輯學者尤其是中世紀的邏輯學者所慣於幹的，在他看來，好像是一種無益的，抽象的，不眞實的作業。所以，他創造了一種思維底科學，這種科學，不僅提出了思想底規律，也且提出了進化底規律，雖然很不幸他是以一種給予他底讀者以非常艱難的文字提出來的。

他底邏輯底本質卽辯證法。

"Dialetic"這個字，古希臘人用以指對話底技術，卽在對話時，破壞反對者底主張和證據，暴露其矛盾與反題，以駁倒反對者。精密地檢察一下的時候，卽知這種辯論底技術，雖然是矛盾的，顯然否定的（破壞的）理智工作，却是極其有用的，因爲，牠從反對意見方面底衝突中引出眞理，而激發了更深刻的研究。黑格爾把捉住了這一"語式"，卽據以稱謂他底邏輯方法。這就是辯證的方法，或者說是在生滅變化底過程中，在矛盾分子底鬥爭及其解決中去觀察宇宙萬事萬物的方法。黑格爾藉辯證法底幫助來判斷那我們所曾提過的思想底三個基本規律。同一律是一種抽象的，不完備的眞理，因爲牠把一種事物從其他各種事物分離開來，把這一事物與其他各種事物的關係分離開來。人人都以爲所看見的這一事物卽是眞實的。我們來擧一個命題："地球是地球。"無論何人，一聽到這個命題底前三個字時，自然預期着下文所說關於地球的，總要告訴他一點地球與其他一切事物相區別的東西，然而不是這樣，他却只聽得了一個空虛的，枯燥的，堅實的同一事物，一種觀念底死殼。假若同一律至多不過只是一種"不完全的眞理"(An incomplete truth)，則矛盾律與拒中律就是一種"完全的非眞理"(Complete untruth)。矛盾決不會使思想成爲荒謬悖理，牠正是展開並發展思想的東西，所以他正是思想所表現的對象。正是這種反對事物或"反題"，牠纔把萬物置之於"動"，牠纔是進化底總動力，牠纔喚起並發展了萬物底潛在勢力和力量。假若地球常是留存於氣體或火球的狀態中，而沒有矛盾，就是說，沒有寒冷與凝固，則也決沒有生命在地球上出現。假若國家常是專制政體的，而沒有矛盾，沒有資產階級(註)的自由，則國家底生命將成為死板的，而文化之花也將永不會開放。假若資本主義常是沒有牠底無產階級這個矛盾，則牠將會回轉到工業的封建制度。正為有這種矛盾或反題，纔使宇宙萬有人類天賦都存在着。只有當矛盾開始自己呈露了的時候，思想與存在之走到更高階段的進化也纔開始。顯然地，我們這裏不是關心着"邏輯的矛盾"(Logical condra-diction)，邏輯的矛盾常是從不清晰的思

(註)資產階級英譯本作 Middle-class(中等階級)，其意卽為資產階級，且"資產階級"這一名詞，現在沿用頗廣，故譯者亦卽改用這一名詞。

維或是從事實表現的混亂中發生出來的；黑格爾，繼他之後又有馬克思，他們所討論的是"現實的矛盾"(Realcontradiction)，是反題與突衝，因為牠們是自己在事物與條件底進化過程中發生出來的。

被矛盾所影響的事物或存在，黑格爾把牠叫做"肯定"(The Positive)；矛盾，對立的原素，或反題，黑格爾把牠叫做"否定"(The Negation)。從我們所舉的例看來，這種否定不是僅僅的破滅，不是溶化成"無"(Nothing)，而是一種"清除作用"(a clearing away) 同時又是一種"建立作用"(a biulding up)；消滅而又來存在着；一種到更高階段的運動。黑格爾關於這一方面說道："以為矛盾不是像'同一'(Identity) 那樣一種主要的或固有的特質(在思想與存在中的)，這是自今以前的一種根本偏見，而且是一種普通所承認的信念。然而，拿'矛盾'來比較一下，'同一'，真的，不過是一種可以簡單地，直接感覺到的特徵，無生命的存在底特徵。只有'矛盾'纔是一切運動和生命底源泉；

任何事物，只有包含着矛盾，纔能有運動，力量，和效果。"

由矛盾，反題，或否定所扮演的任務很容易被淺薄的觀察者所忽略。他固然看到了這世界是充滿着形形色色的事事物物，而且也看到了任何事物所存在的地方也即有其"反對"存在着；譬如，冷——熱，貧——富，生——死，光明——黑暗，溫和——嚴厲，快樂——苦痛，歡喜——悲愁，資本——勞動，道德——罪惡，存在——非存在，唯心論——唯物論，浪漫主義——古典主義，等等，但是淺薄的思想家不能看到他是在面對着一個矛盾與反題底世界，他只曉得這個世界是充滿着各種各樣的事物。黑格爾說："惟有活動的理性纔能把那僅是繁複錯綜的現象簡化成為反題。而且這種繁複錯綜的現象，也只有被推進到這一點的時候，纔成為活動的，相互刺激的，而產生否定狀態，這種否定狀態即是進步與生命底活躍。"只有經過現象底分化而展開成為反對勢力與要素，則超越反題而更進步到一種較高的積極階段纔有可能。"但是",黑格爾又繼續着說,"何處缺乏發展矛盾而使之尖銳化的力量,則事物或存在就會在這矛盾上面被打擊得粉碎。"——(黑格爾底"邏輯科學"第一部。第二章,第66,69,70頁。)

黑格爾底這種思想對於理解馬克思主義異常重要。這是馬克思底階級鬥爭理論底精神,不,簡直是整個馬克思主義體系底精神。人們可以說,馬克思常常是在社會發展中尋找矛盾,因爲無論何處,矛盾(反題——階級鬥爭)一經呈露時,照着馬克思・黑格爾(Marx-Hegel)的說法,則走到更高階段的進步也就開始了。

我們現在已經曉得了辯證法底兩種表現,卽肯定與否定。我們已經在思想與現實中看見了生長過程底前兩個階段。這個過程還不是完備的。牠還需要一個第三階段。這第三步,黑格爾稱之爲"否定底否定"(The Negation of the Negation)。有了這繼續的否定作用,一種新的事物或存在纔得出現而存在着。

回復到我們所舉的例：地殼底冷固和凝結；資產階級國家底興起；無產階級底勝利：這些事物都是代表否定底中斷或廢黜；矛盾就這樣被解決了，在進化過程中的一種新階段於是也達到了。肯定，否定，否定底否定這種語式，也叫做正題，反題，綜合。

為要對於這瞭解得更清楚一點，看得更明切一點，我們可舉雞卵為喻。雞卵可以說是肯定，但牠包含着一個胚胎，這胚胎，當萌動了生命的時候，逐漸消蝕（即所謂"否定"）雞卵底內涵。然而這個否定不是僅僅的破壞與毀滅；恰恰相反，牠是結果於由胚胎發展為一個有生命的活物。這個否定完備時，雞雛即突被卵殼而出。這即代表否定底否定，即由此否定底否定而產生了在有機體上比卵更高的東西出來。

在人類思維中以及在自然界與歷史底運動中的這種進展底方式，黑格爾就稱之為辯證法，或辯

證的過程。辯證法同時也就是一種研究底方法,一種哲學,這是很顯然的。黑格爾以如下的話概括他底辯證法云:

"爲科學的進步所必需的惟一事物(這是一個基本原理,人們須要真實地努力去理解牠),是對於這種邏輯原理的認識:否定正如肯定一樣重要,矛盾並不是熔解成'無',熔解成抽象的'烏有',實際上只是熔解成爲一種具有特殊內容的否定……就這結果,卽這否定,是一種明確的否定而論,牠有一個內容。牠是一個新概念,但是一個比以前的概念還要高些,還要豐富些的概念;因爲牠被'否定'或'前概念底反題'所充實豐富了;所以牠(新概念)包含着牠(前概念),且比包含着牠的更宏大,實際上牠是牠自身及其反對(前概念)底綜合的統一性。概念底體系必須這樣構成——且要以一種不受外面影響所支配的,不斷的,純粹理智的過程所完成。"(黑格爾,"邏輯科學"德文版第一部緒論。)

辯證過程不僅是由"漸變"（漸漸過渡——gradual transitions）來完成牠自己，也且由"突變"（躍進——leaps）來完成。黑格爾說：

"人們都說，在自然界中沒有突然躍進的現象，普通的概念都以爲事物底起源是由漸增或漸減來的。但確有從數量到質量，突然轉變的這樣一種事物。例如，水在冷固時，不是漸漸變成堅硬的，首先是漸漸變成菓肉似的柔爛漿狀，最後纔達到冰底硬度，而突然轉爲堅硬的。假若溫度達到某種度數時，水是突然變化成冰，那就是數量——溫度底度數——轉變成質量——物底性質底變化。"——（黑格爾，"邏輯"德文本第一部，第一章，第464頁，1841年版。）

馬克思非常精熟地運用這個方法；他藉着這個幫助構成了社會主義進化底規律。在其最早的著作中，當他構成其唯物史觀的時候所寫成的，如"神聖的家庭"（1844年）及"哲學底貧困"（1847年），以及其"資本論"，他都是以黑格爾底辯證法來研究這些規律。

"無產階級與財富（以後馬克思說爲資本）是兩個反題。牠們這樣構成了一個整體；二者皆是私有財產世界底表現。所要考慮的問題是二者在此反題中所佔的特殊地位。把牠們說爲是一個整體底兩面，不是一個充分的解釋。私有財產卽以其爲私有財產之故，以其爲財富之故，不得不保持其自身底存在，且隨之要保持其反題——無產階級——底存在。自滿自足的私有財產是這個反題底肯定的（積極的）一面。另一方面，無產階級，卽以其爲無產階級之故，不得不要取消其自身，且隨之要取消私有私產——牠底關係的反題，就是這個關係的反題使牠成爲無產階級。牠是這反題底否定的（消極的）一面，是'不安靜'的內在源泉，分解了的與正在分解的無產階級。……所以在此反題中，私有財產底所有者是保守的黨，而無產者是破壞的黨。維持這個反題的行動是由前者出發的，破壞這個反題的行動是由後者出發的。私有財產從其民族的（國家的），經濟的運動底觀點看來，自然是要繼續不斷地走向牠自己底破滅，但是僅僅被一種不自覺的發展所驅迫着，這種不自覺的發展是不受牠底支配的，是反對牠底意志而存在着的；而且是被事物底自然性所限制着的；——就是說，僅僅被創出了所以爲無產階級的無產階級，意識着自己底物質的精神的貧困的貧困，意識着自己底腐化了的人性的腐化因而與之相奮鬥——卽被這種種所驅迫着走向牠底破滅。

"無產階級完成了那私有財產由創生了無產階級所懸而未決的'懸案'，正如牠完成了那工錢勞動由創造了無關於己的富裕及其自身底不幸的命運所懸而未決的'懸案'一樣。假若無產階級勝利了，牠不是由此勝利而途成爲社會底絕對的一面，因爲牠底勝利僅僅由取消其自身及其敵對者纔能得着。無產階級及其關係的敵對者——私有財產，於是就這樣被取消了。"——（馬克思，"神聖的家庭"，1844年。）

在"資本論"第三卷,第420——421頁上,關於辯證法的,又有這樣的幾句:"就勞動過程僅在人與自然之間的作用上說,牠底簡單原素是牠底社會發展底每種形式所共同的。但這種過程底任何一定歷史的形式要更進而發展牠底物質基礎及牠底社會形式。當牠達到成熟底一定程度時,這一定的歷史形式就被擯棄,而讓位給一種更高的形式。這樣一個危機底時機之到來,是由一種一方面是分配條件及適應這分配條件的生產條件之現存的歷史形式,他方面是生產力及生產要素底進化狀態,在這兩方面之間的矛盾與反題底深刻擴大表現出來。於是在生產底物質發展及其適應的社會形式之間的衝突就發生了。"

但是黑格爾的辯證法在"資本論"第一卷底著名的第二十四章第七節(德文本)上非常顯著地表現出來,在那裏,關於資本主義之從小資產階級所有制,經過一切階段走到社會主義革命的這種進化,他以勇敢有力的詞句簡明扼要地概述出來:

"從資本主義生產方法發生出來的資本主義剝削方法,即'資本主義私有財產',是基於人們自己底勞動之'個人私有財產'底第一次的否定。但是資本主義生產隨着自然過程底必然性產生了牠自己底否定。這就是否定底否定。"這裏我們就有了三個階段:正題——私有財產;反題——資本主義,綜合——共同所有制。

在法國以外的社會批評的作家中,特別是蒲魯東,他在其著作"甚麼是財產?"與"經濟的矛盾,或貧困的哲學"(1840,1846)中,企圖運用黑格爾的辯證法。他把其主要著作命名爲"經濟的矛盾"(Eonomic Contradictions)這一事實即可證明蒲魯東大大地受了黑格爾底影響了。可是,他不會深入;他十分機械地應用黑格爾的公式,而且缺乏一種內在的發展過程底概念(即在社會有機體中的向前推進的勢力)。

假若我們只就這裏所表現的來看辯證法,我們會要把黑格兒當作一個唯物論的思想家。這樣的概念是錯誤的。因爲黑格兒是一個唯心論者：依照黑格兒，則生長過程底起源和本質不應在物質的勢力中去探索，而要在邏輯的觀念，理性，宇宙精神，絕對，或——以宗教的語法——上帝中去探索。在"他"（上帝）創造世界之前，"他"要被視爲一種"觀念"，包含着一切存在底形式在牠自身之內，是這"觀念"辯證地發展這一切存在底形式。這觀念爲牠自身創造了一種物質的體現；牠首先把牠自己表現在無機自然界底物體中；次則表現在植物，有機體中，至此，生命遂萌動了；然後又表現在動物中，至此，這觀念達到了理性底薄暮時期；最後表現在人中，至此，理性升入到精神，而完成了自我意識與自由。因爲是自覺的精神，所以牠又把牠自己表現在人類底歷史中，表現在宗教，藝術，哲學中，表現在人類的制度中，表現在家族與法律中，直到實現牠自己於國家中以爲其最後最高的目的。

依照黑格爾，那麼，宇宙觀念發展成爲神，是比例着物質世界之從無機的進到有機的，最後進到人類。在人類底精神方面，觀念達到自我意識與自由而成為神。黑格爾，在其宇宙學中，是德國的神祕學者佛蘭克(Sebastian Franck)與波梅(Jacob Boehme)底一個直接繼承者。他是一個比從萊蒲尼次(Leibnitz)以來德國哲學家中任何人都要高深些的德國人。

但最奇怪的事是，日耳曼主義，新教，以及普魯士國家，在黑格爾看來，好像是宇宙精神底最高表現。尤其是在1848年三月以前所存在着的普魯士國家，擯斥了一切資產階級底改革和任何種類底自由主義，有着強壯的政府勢力底基礎，這在黑格爾底心目中，竟是宇宙精神最高表現底一種範本。

這裏目的不是在企圖獲得一種黑格爾宇宙學底邏輯觀(A Logical conception of Hegelian Cosmology)。這種概念不僅是唯心的，而且，如我們所說的，是神祕的；這種概念對於人類理性之不可思議，正如聖書的概念一樣；牠是不合理的，超越了理性底領域以外。使宇宙從純粹的理性產生出來的，從邏輯的觀念產生出來的，經由具有自由意識的辯證過程發展出來的這種概念，而還結論到非理性的，頑固的宿命主義。黑格爾在自由主義中僅看見了一種簡單的否定，一種純粹破壞的原素，以為這種原素把國家分裂了，而且把牠分解成為各個人，這樣就剝奪了牠底一切團結性和組織力量。他責備議會政治（Parlimentarism），因為牠要求"每事都要經由他們底（各個人底）表示權和同意才發生出來。多數人底意志可以推翻內閣，反對者握有支配權，但就政府方面說，則牠常遇到多數人底反對。因此騷動與不安繼續不斷。這個衝突，這個難關，這個問題是排在歷史面前的，這一問題是在將來必須要求得解決的。"人們或將以為正是這種議會政治，帶着牠底不安和騷動，帶着牠底反題和對抗，總特別地引動了黑格爾，然而他却對此掉頭不願。這又怎樣解釋呢？

緒　　論

黑格爾對於普魯士國家的關係是要由他底強烈的愛國情緒來解釋。他底性情使他在政治上強烈地傾向國家主義。他在少壯時代，目擊日耳曼帝國底全部崩潰，深悲德國處境之不幸。他曾著文云："日耳曼不復是一個國家了；即她所從事的戰爭也不能對她有一個特殊光榮的結局。勃艮第（Burgundy），亞爾薩斯，羅林都被割據去了。威斯特發里亞底和約（The Peace of Westphalia）是常被引爲日耳曼底干城的，然而由此和約，日耳曼底解體僅僅被弄得比以前更爲澈底而已。日耳曼人應該感謝黎塞留（Richelieu），他曾毀壞了他們（日耳曼人）底權力。"另一方面，普魯士在七年戰爭中的功業，在對抗法蘭西的解放戰爭中的功業，又激起了他底希望之光，以爲是這"國家"總能拯救了日耳曼。對於這種思想，他於1818年十月他底柏林講座開幕時在他底演詞中以及在論腓烈特大帝（Frederick the Great）的演講中，曾給以宏壯熱烈的表示。所以黑格爾非常厭恨那由他看來好像是宣露普魯士國家底危弱的一切語句。這位辯證法家是被國家的感情所克服了。

然而,黑格爾在思想史中的地位,不是在於他底世界創造底解釋,也不是在於他底日耳曼國家主義的政治學,而是在於辯證法。藉着這個方法,在探索人類智識底浩闊淵海時,他就散播了無上豐富的唯物論的,嚴格科學的觀察和暗示底種子,而以一種活的歷史概念,一種人類進到自我意識與自由的有生命的發展概念鼓舞着他底學生和讀者,因此使他們能夠更向前推進其研究,而把他們自己從一切神秘主義解放出來。這下面的引證,可以供爲他底哲學之唯物論傾向的一個例子。他底"歷史哲學"有一全章專論宇宙歷史底地理基礎。在這一章中他表現自己——十分異於他底國家神化論(Deification of the State)——如下:"一個真正的國家和一個真正的中央政府,只有在階級差別已經萌露了的時候,富與貧已經判若霄壤的時候,才會發生起來,及到這種情形發生了,就有大多數的羣衆不復能以他們向來所習慣的生活滿足他們底需要了。"或者再看看他對於希臘人建立殖民地的解釋。

"殖民地底設計,尤其是在特羅戰爭（Trojan War）以後直到賽剌斯（Cyrus）時代,是一種特殊現象,這種特殊現象可以這樣解釋：在各個城市中,人民有統治權力在手上,因此之故,他們卽以這種統治權力作爲最後手段,決定國家大事。因爲長期和平底結果,人口繁殖起來了,各方面的發展大大地增進了,而且很迅速地完成了巨大財富底積纍,這種現象常常總是伴隨着發生巨大的困苦與貧窮。工業,像我們現在的意義的,在那時還不存在,土地於是迅速地被壟斷了。然而一部分窮苦階級底人們都不能忍受他們自己這樣被壓抑在貧困的地位,因爲人人都覺得他自己是一個自由的公民。所以,唯一的救濟策略就是殖民。"

就是這下面的一節,牠把哲學的體系看爲僅僅是一種完成了的存在事實底結果與反映,所以摒斥了一切烏託邦派底描畫："……哲學常常總是來得太遲,關於世界應是怎樣,不及說一句話。以其爲宇宙底一種觀念,所以牠僅僅是在'現實'已經完成其形成過程且達到其最後形態的時代之後才能發生。這個概念所給與的教訓,必然要由歷史實證出來,就是,'理想'之出現於'現實'的面前,僅僅是在'現實'已經完成了以後,'理想'僅僅改造包含在'現實'底體質中,包含在理智王國底形式中的那個同一世界。當哲學把一種生活形式塗繪得灰色之上加灰色的時候,那種生活形式早已成了老朽的了,因爲灰色之上加灰色,所以牠不能再返於青年壯盛,僅僅能被認識而已。敏奈爾娃(Minerva)(註)底夜梟僅在薄暮到來的時候纔開始牠底飛翔。"——("法律哲學"序)

没有那一個唯物論者能夠比這講得更好些:夜梟——智慧底象徵——僅僅在黄昏的時候,在世界底繁忙活動已經過去了之後,才開始牠底飛

(註)羅馬神話中的司才藝的女神。

翔。因此,我們先有宇宙,然後有思想;先有存在,然後有意識。

所以黑格爾自身即是他自己底教訓:矛盾的原素常常是並列地存在着——他底這種教訓底一個範例。他底精神包含着惟心論與實在論二者,但他却不曾用一種推理底過程把此二者推進到尖銳的矛盾,以達到一種思想底更高階段。因爲他把認識事物底本性,以及把牠系統地,邏輯地,在"現實"底全部廣大領域中推求至於終極,認爲是哲學底任務,又因爲他底神祕派的傾向,使他更進而主張"觀念"是"終極的現實"(The ultimate Reality),所以他終於是一個一貫的唯心論者。

黑格爾雖然是普魯士國家底哲學的代表,可是他底保守主義不幸不能投合日耳曼資產階級底正在醒覺的意識,這資產階級,雖然經濟很微弱,却熱望着求得一種更自由的國家憲法,更大的行動自由。這些熱望已經在普魯士及其他日耳曼各邦底較大城市和工業中心強烈地發展着。少年黑格爾派（Young Hegelians）(註) 在哲學底領域中爲這資產階級的醒覺奮鬥，正如"少年日耳曼"（"Young Germany"——海涅，波爾恩等等）之在文學底領域中奮鬥着一樣。

正當馬克思還在大學讀書的時候，少年黑格爾派卽掀起了對黑格爾門徒底保守派以及普魯士底基督教的浪漫主義（Christian Romanticism）的鬥爭。在這新舊兩派中間的對抗，在宗敎哲學與政治文獻中卽可感覺得到，但此二者底傾向很少結合在同一人身上。希脫老司（David Strauss）把"四福音書"（Gospels）加以公平的批評；費爾巴赫研究基督教性質及一般宗教性質，而且在這一部

(註)黑格爾死後，他底門徒中發生了紛歧的意見，主要的是關於他底神性論，不死論，基督底人格論的。有一派，卽所謂"右翼"的，對於這些問題，是傾向着正統派的。與這一派對立的，有"少年黑格爾派"，這是進步的"左翼"。露格，包爾，費爾巴赫以及希脫老司，卽"耶穌傳"底作者，都是屬於這一派的。

分上,把黑格爾底唯心論轉變爲唯物論;包爾(Bruno Bauer)把他底歷史和哲學的重礮向着關於基督教底發生的傳統的武斷瞄準。但是在政治上,他們都是停留在個人自由底階段上:就是說,他們僅僅是溫和的自由黨。可是也還有一些不甚顯著的少年黑格爾派,他們在那時,在政治意見上,是自由黨左翼的,如露格(Arnold Ruge)是。

然而沒有一個少年黑格爾派曾用辯證法進一步發展他們底老師底學說。卡爾・馬克思,黑格爾學派中的最年青的,首先在社會科學中把辯證法推進到更高的階段。黑格爾不認識他,否則,他將死得更心安一點,或者就是死得更激亂一點。海涅(Heinrich Heine)在三十年代與四十年代時,也是屬於黑格爾派的,述說了一個軼事,這個軼事,卽令不是眞的,也很足以證明這位大師底學說之異常的艱深:——

當黑格爾垂死的時候,他底弟子環繞在他面前的,看見老師底憂傷的顏面上的深紋加深了,就問他底悲傷底原因，幷試探着去安慰他，提醒他說，他有很多可以欣羨的門人和信徒遺留在他之後。他很艱難地緩緩氣答道："我底弟子中沒有一個瞭解我，只有米希萊(Michelet)瞭解我，而且，"他又嘆息着加了一句，"就是他也誤解了我。"

I

父母與朋友

1. 馬克思底初學時代

卡爾・海恩利系・馬克思（Karl Heinrich Marx）於1818年五月五日出生於居利夫(Treves)。他底父親，一個精明易感，敦厚慈和的猶太人，執律師業，他是由一個日耳曼拉比 (Rabbi——猶太法律博士底尊稱)家庭底卑微境遇漫漫地起來，而獲得一種高尚的職業，但他從未學習過賺錢底技術。他底母親是一個荷蘭婦人，來自一個猶太法律博士底家庭叫做普勒斯堡（Pressburg）的，這一姓氏，如其字面所表明的，是十七世紀時由匈牙利底普勒斯堡移居到荷蘭的。她底德國話說得極不好。馬克思述過她底一句話給我們，"假若卡爾是賺了一批資本，而不是寫的一堆關於資本的，那就很好了。"這一對老夫婦有幾個孩子，只有卡爾顯出了特殊的精神天賦。

　　1824年時，這個家庭改奉了基督教。在那時候猶太人之受洗禮，不復是稀奇的事了。十八世紀後半期底啓蒙運動已經掘除了許多有修養的猶太人底教條的信仰，接續着的日耳曼基督教浪漫主義（German Christian Romanticism）底時代，引起了基督教與國家感情底壯盛活潑與理想化，棄絕了自己底宗教的猶太人，在實踐的理性上，正如在精神的理性上一樣，不能避免這樣的一些影響。他們完全被同化了，他們所感覺的，所思維的，都與其餘他們底基督教的和日耳曼的同胞市民一樣。馬克思底父親覺得他自己是一個很好的普魯士人，有一次，曾叫他底兒子以宏偉的體裁作一篇短歌，寫拿破崙底傾覆和普魯士底勝利。實際上卡爾不曾遵奉父命，但從基督教的熱情與日耳曼的愛國情緒底時代直至其終身，他總是懷着一種反猶太人的偏見；猶太人在他看來，不是盤剝重利者，便是儈夫市儈。

卡爾在本地底一個文法學校肄業，離校時得着最高的有榮譽的成績。但這個學校並不是他發展其精神的唯一地方。在他底就學時期，他常常到一個政府機要顧問威斯特華倫（L. von Westphalen）底家中去，威斯特華倫是一個高等有修養的普魯士官吏，他所最愛好的詩人是荷馬與莎士比亞，而且他常很關切地追逐當時的文化趨勢。雖然他已有了很大的年紀，他却喜歡與這位天才秀發的青年談話，喜歡去影響他底精神的發展。馬克思尊敬他為一個父親似的朋友（a fatherly friend），他也以一種熱情和一種愛好眞理底清醒判斷歡迎每種進步運動，而且他就是這句話底一個活的證據：「理想不是想像，而是眞理。」——（馬克思底博士論文所給他的獻詞。）

在離開公立學校以後，馬克思就到邦恩大學(The University of Bonn)，順從他底父親底願望去研究法律學。過了一年愉快的學生生活，他又於1836年秋轉到柏林大學，文化與眞理底中心，如黑格爾在其"就職演講"(1818)中所稱牠的。在首途到柏林之前，他曾與燕妮(Jenny von Westphalen) 祕密訂婚，燕妮是他底父親似的朋友底女兒，是一個以美麗，修養與人格底堅貞著稱的女子。

2. 學生時代

在柏林時，馬克思埋首研究哲學，法律，歷史，地理，文學，藝術史等等。他對於眞理有着浮士德似的渴望，對於課業的追求是永不饜足的；在這些事情中，只有最高級的形容詞纔能用來描寫馬克思。他有一篇詩，是那個時期寫的，這樣表現他自己：

"凡是佔住了我底心靈的
　　我從不能寧靜地力行，
但在怱劇不息的飛馳中
　　仍須要向前奮勉扎掙。

一切神聖崇高的優美
　　願使之滲透在我底生命裏，
貫穿那科學底王國，
　　把捉住詩歌與藝術底歡喜。"

他謝絕一切社會交際，日夜孜孜不息地研究：把他所讀的東西摘要擷華，做成劄記；從希臘文與拉丁文翻譯；作出一種哲學體系；寫下了很多他自己底思想；草擬哲學或法學底綱要，並寫成了三卷詩。1837那一年劃出了一個馬克思底理智發展底嚴重時代，那是一個搖擺，發酵，並內心競鬥底時代,但結果他在黑格兒的辯證法中找着了蔭庇地。轉向黑格爾的辯證法以後,他就棄絕了康德與費希特(Fichte)底抽象的唯心論,而第一步走向"現實";實際上在那時候馬克思深信黑格爾眞是擁護"現實"的。在一封注著1837年十一月十日的長信,一件眞實的人類文獻,馬克思告訴了他父親關於他在那個顯著時代的緊張熱烈的活動,這個時代包括他在柏林大學的前兩學期,那時他還是很年青的呢:

"親愛的父親:

"在我們底生命中,有些時代是這生命中的界碑;這界碑不僅把過去明劃一個階段,而且同時明白地指出我們底新方向。在這樣的轉換點,我們覺得不得不對於過去和現在做一番批評的檢察,以期達到我們底實際地位底明白認識。況且,人類自身,如一切歷史所證明的,往往喜歡馳騁於這種回憶和思慮,因而常常好像是走轉來,或是靜靜地停立著,這時他終於退回到他

父 母 與 朋 友

底安樂椅上默坐著,更深刻地反省,理解其自己底事業,沉潛在精神底活動中。

"可是,在這樣的時候,個人常是變成了'抒情詩的';因為大凡每一種蛻化,其一部分就是過去底哀歌,其另一部分就是一篇偉大的新詩底序詞,這一篇偉大的新詩是要在絢爛疾逝的雜沓光影中努力尋求永久的表現。但無論怎樣,我們很願對於我們底過去的經驗豎起一座紀念碑,使這樣的經驗可以在記憶中又回復其在日常事務底活動中所已失去的重大意義;要實現這一點,我除了把我底過去的經驗赤裸地鋪陳在我底雙親底慈懷之前,還有比這個更適當的方法麼?

"所以現在當我檢閱我在這裏剛剛消磨了的這一年的韶光的時候,當我這樣來答覆你從愛姆斯(Ems)來的親愛的信的時候,請允許我,我之觀察我底地位,視爲是力求表現在各方面:在科學上,在藝術上,在人們自己底人格上的一種精神力底體現,有如我之看我底全生命一樣……照我在那時候的精神狀態說,詩必然是我所第一關心要研究的東西,至少是最適合於我的,而且詩本是我所最愛好的；但是從我底根性和我底全部發展底趨勢所預期的說來，詩對於我又是純粹理想的。其次，我必須研究法學，我尤其有一種強烈的衝動要探索哲學。但是此二者底關係非常密切，所以我一方面只忠實地，不加批評地澈底研究法學家海列西阿士(Heineccious)與笛保特(Thibaut)，及其淵源，翻譯了查斯梯甯底羅馬法典(Pandects of Justinian)底前兩部，另一方面我却企圖着把法律哲學貫穿到法學底領域中去。在緒論中我寫下了一點形而上學的原理，並且使這個不幸的工作一直達到公共權利(Public Rights)方面，總計差不多寫了三百張(300 Sheets)紙。

"但是在'實際存在的事物'(What is)與'應當存在的事物'(What ought to be)之間的衝突，尤其是對於唯心論，在這裏比在任何其他事物中，更表現得非常顯著。第一有所謂我所曾經辛勤研究的法律底形而上學(Metaphysics of Law)，卽所謂本體，反映，定義等等，與一切旣成的法學，以及每種法律實踐底實際形式，大有風馬牛不相及之勢。其次有'數學的獨斷主義'

(Mathematical Dogmatism)底非科學的形式,這種數學的獨斷主義含着這樣多的旁敲側擊的說素,這樣多的零碎散漫的論證,而沒有一點有結果的發展或有生命的創造,這種非科學的形式起首卽妨礙了我底到達眞理之路。一個三角形可由數學家畫出來並解證出來:牠只是一個空間的概念 (Spatial Conception),牠自身不經受任何進化過程;當牠需要其他特質的時候,牠必須要與其他事物聯繫起來,因此,只要把這同樣的事物放置在繁複的種種關係中,我們就能夠推演出一些新的關係和新的眞理。我們底研究對象旣然是在精神生活底具體表現中,如在法律中,國家中,自然中,整個哲學中,所以對於這種研究底對象,必須要在牠底發展中去觀察……個人底理性必然隨着牠底'自我矛盾'(Self-contradiction)進展,一直到牠發現了牠自己底統一性爲止。"

我們於此看見了黑格爾的辯證法之在馬克思學說中的第一個印跡。我們看見了與不斷進化的有機組織，與社會形式以及人類制度相對照的呆板的幾何學形式(rigid geometrical forms)。馬克思曾經對於黑格爾哲學底影響提出過堅決的抵抗；不但如此，他甚至於還痛恨過牠，而且忠實地服膺着他底唯心論，但結果他也終於像被符咒所制似地，皈依了進化觀念，這種進化觀念那時在德國是取着黑格爾的冥想哲學的形式的。

馬克思又進而述其對於法律的研究，一如其對於詩的研究一樣，他這樣繼續着說：

"在第一學期中，爲着這各種各樣的活動，我曾有許多夜未睡覺，從事於許多奮鬥，而且還要忍受精神與身體的刺激；在這一學期末，我看到自己並未獲得一些甚麼，而其間，對於自然，美術，社會却疏忽了，對於享樂也唾棄了：實在，由我底身體說來，實不應如此。醫生勸我到鄉下去靜養，因此我總第一次經過這長遠的城市，出了前門，向着司特拉洛路 (Stralau Road) 走去……我從我所懷蓄很久的唯心論落下來，在現實自身中去找理想。如果以前上帝是高居在天上,那麼,他們現在卽落到地下來了。

"我曾讀了黑格爾哲學底一些斷章碎片,這種哲學底奇異陡絕的調子我是不喜歡的。我願意再投入到這大海底深處,這一次具着決心去發現一種精神的自然界,要是這樣實際的,具體的,完備的,有如物質的自然界一樣,不是耽溺於精神的訓練,而是想獲得一些純淨的明珠帶到日光中去。

"我寫了差不多二十四張紙的一篇對話,題名爲'克倫芙'(Cleantes)或'論哲學之必然發展底淵源'(On the Source of Inevitable Development of Philosophy)。在這篇對話中,把藝術與科學——以前是被分離開來的——稍稍錯綜地調和起來;我又是那樣一個勇敢的冒險者,我甚至於開始了一種任務,把表現在純粹概念中,在宗教中,在自然界中和在歷史中的神性(The nature of the Deity)給以一種哲學的,辯證的解釋。我底最後的論文是黑格爾體系底發端;在這個工作底行程中,我又澈底研究了科學,雪林(Schelling)底著作和歷史,這個工作也使我費了不少艱苦的思索,牠終於把我像一個不忠實的魔女(a faithless siren)一樣交給了敵人底手中……

"被燕妮底病所激亂,被我底理智活動之無結果與完全失敗所困惑,被要使我轉而崇拜我所曾經痛恨過的意見這種苦悶所煩惱,我也終於病了,這我在前信中已經告訴過你了。及我回復了健康以後,我把我底一切詩和在計劃中的短篇小說材料一齊都燒燬了,只是空漠地相信我能捨棄這一切而已,實則,直到現在,我還沒有理由來反駁我底這種行為。

"在病中,我又從頭到尾研究了黑格爾及其大部分門徒底著作。在司特拉洛時,常常會着許多朋友,他們介紹我加入了一個'學士俱樂部'(Graduates' Club),在此俱樂部中還有很多大學教授,羅登堡博士(Dr. Rutenberg),我底柏林朋友中一個最親密的,也在其內。討論的時候,常常提出一些衝突的意見,我也一天一天更確定地被率入於一種新的宇宙觀中去,這新的宇宙觀是我所曾經力求逃避的;但是常常又被鐘聲所驚醒，一陣眞實的諷刺的憤怒來侵襲着我，這種情形，在經過多次的否定之後，是極容易發生的。"——（第十六年的"新時代"第一卷第一期。）

他底父親一點也不喜歡這封信。他責備卡爾所辛勤工作的這種無目的的無秩序的方法。他期望他在柏林的研究應該可以得着一點成績，而不只是發展一些畸形的思想而又立即把牠們毀掉。他以爲卡爾應該首先首先考慮他底將來的前程，應該對於他所學習的課程專心聽講，應該結識有權力的人，應該節儉一點，應該避除一切"哲學的浪費"（Philosophical Extravagances）。他敎卡爾應該以那些專心致志，按時聽講，而一方面還注意到其未來的同學學生做他底榜樣，他說：

"實則這些少年，除了有時以半夜或通宵用之於遊樂外，都能十分安靜地睡覺，而我底聰明而有天才的兒子卡爾却陷於苦境，往往徹夜不眠，以不快意的研究困顿其身心,以倾心於微奥研究的唯一目的而捨棄一切快樂;但是他今天所築成的,明天他又把牠毁壞,而沒有從別人得著一點甚麽。結果,身體陷於苦痛,心境陷於惑亂,至於那些普通的青年都從容競勝,漸步前進,比那些抛棄青年快樂,破壞自已健康,去摸索學問影子的人更能至少是更便利地達到其目的,他們對於這些學問,在與有能力的人們接談一點鐘,或者就能更成功地獲得——而且并能獲得社交的快樂!"

馬克思雖然對於他底父親懷着無限的敬愛,而他仍不能離開他所選取的道路。凡是富於理智的人,在已經失去其宗教的信仰之後,又有了好的幸運達到一種哲學的或科學的宇宙觀,決不容易對着倫理的孝順與新生的信仰之間的衝突有所畏縮怯懼。馬克思也不會爲一種顯赫官階底前途所歆動。實在,他底堅決奮鬥的氣質決不容許他這樣。他寫了幾行詩云:

讓我們，一切奮勇的人們
　切勿從我們底任務退攖；
切勿沈沒於陰鬱的沈默，
　麻痺在意志與事業之中。

讓我們不要在卑屈的服從中
　養成了我們底怯懦的生命，
惟有具着決心與熱情的時候，
　我們纔可加入鬥爭的歷程。

他在斯特拉洛的休養對於他底健康獲得了最好的效果。他盡心竭力地研究他所新獲得的哲學的信仰，在這一點，他與"學士俱樂部"底會員們發生關係，給了他很多的益處，尤其是包爾，一個神學講師，與考彭(Friedrich Koppen)，一個文法學校底教師，他們所給予他的影響，雖然他們底年齡和地位甚不相同，而待他則看作是一個同等者。馬克思拋棄了一切做官的思想，只希望將來在一個大學裏得一講師職。他底父親同意了他底新研究和奮鬥；但是可惜得很，他不曾看到卡爾後來的偉大成就。病了未久，他就在1838年五月死去，死時纔只有五十六歲。

馬克思以後又完全放棄了法學底研究，更勤苦地工作着，以求完成他底哲學智識，準備他底學位考試——聽了包爾底勸告——想很快地能在邦恩大學得一哲學講師職。包爾自己則期望從1834到1839年在柏林，及1840年在邦恩，做了講師之後，再升爲邦恩大學底哲學教授。馬克思寫了一篇論文，論"德謨頡利圖與伊壁鳩魯底自然哲學"(The Natural Philosophies of Democritus and Epicurus)，乃於1841年在葉那(Jena)大學獲得博士學位。他於是去到邦恩，他底朋友包爾處，滿想在那裏開始度其講師生活。然而他底希望旋卽消逝了。普魯士各大學在那時沒有地位容自由的研究者插足。就是包爾想得一教授職也不可能了；馬克思更不必說得，因爲他在其意見底表現中，顯露出更激烈更急進的情緒。他在這絕路上的惟一出路，只有去當一個自由著述的新聞記者，在這方面，他馬上卽有了機會。

3. 公衆生活底開始

馬克思具着一種充分的哲學訓練走進了公衆生活，具着一種不可抑制的熱情去爲德國底精神自由而奮鬥。所謂"精神的自由"（Spiritual Freedom），他底意思首先最要的就是在宗教中的自由與在政治中的自由主義。他也完全淸楚關於應該運用的工具：那就是批評。凡頑固不化失掉了生命的東西，一到了失掉效用，且到了不合理性的時候，是要在批評底武器(The Weapon of Criticism)面前崩落，而讓位於一種活潑的思想與存在底潮流，或如馬克思自己在1844年時所描敍的，"對於那些化石般的情勢，要唱牠們自己底調子給牠們聽，使牠們自己跳舞起來。"牠們自己底調子，自然，就是辯證法。批評，一般地說來，是少年黑格爾派底武器。批評就是否定，掃除現存的條件和流行的武斷，爲生命擴清一條道路。少年黑格爾派底任務，不是要建立起一種新的原則或新的武斷，而是要掃除一切舊的武斷。因爲假若辯證法是正確地被理解了，則批評或否定就是最好的積極工作。批評尤其是在論戰（Polemics）中，在爲打擊同時代人的目的而反對一切"非眞實"的鬥爭——殘酷的鬥爭——底正確意義中，去尋得表現。

在馬克思已經抛棄了學院生活底一切希望以後，留給他的活動底惟一領域，如我們所已經說過的，就是新聞事業。加以他底物質環境迫着他要去考慮一種獨立生活底問題。恰在這時，萊茵省中的自由黨人計劃着建立一種報紙底基礎，這個報紙底目的是爲着更大自由底條件準備道路。必要的資金也立卽籌措好了。於此有十分重大的意義的，就是，少年黑格爾派被羅致來做編輯與投稿人。1842年一月一日，"萊茵新聞"（Rheinische Zeitung）第一號在哥隆（calogne）出版了。主筆是羅登堡博士,他,當馬克思還在柏林大學肄業的時候，卽與馬克思發生了極親密的朋友關係；所以馬克思（那時還在邦恩），也就被聘請爲投稿人。他接受了這個聘請,他底論文引起了露格(Arnold Ruge)底注意,因此露格也請他參加他底文化事業,與費爾巴赫,包爾,希斯(Moses Hess)以及其他知名之士共同努力。馬克思底論文也大爲"萊茵新聞"底讀者所歡迎,所以,在1842年十月,羅登堡退職後,他就被延聘爲"萊茵新聞"底總編輯。他處在這新地位,必須要討論許多經濟問題和政治問題,這些問題,無疑地,對於那些不甚覺悟的編輯,不會引起甚麼深刻的思想,但對於馬克思,却發生了要澈底研究政治經濟學與社會主義的必要。1842年十月,法國和德國底智識分子在斯特拉斯堡(Strasburg)開了一次會，在討論其他事件中還討論到了法國社會主義的理論。在萊茵省,又發生了關於地產和賦稅的問題，這些問題是不能以純粹的哲學智識來答覆的。此外,因爲新聞時常要受檢查,已使報紙很不容易發表怎樣犀利的批評，也不容許編輯盡他底真正使命。在"政治經濟學批評"底序文中，馬克思把他底編輯生活給了一個簡單的敍述：

"在1842與1843年時，我當'萊茵新聞'底主筆，因為必須參加對於所謂物質利益的辯論，我才遇着了困難。萊茵省議會之關於盜取木材和分配地產的議案，對於摩塞爾（Moselle）區域底農民的行為，以及關於自由貿易和保護稅則的辯論，給我以研究經濟問題的第一個刺戟。另一方面，法國社會主義與共產主義底回響，以微弱的哲學調子，那時常在'萊茵新聞'底各欄低吟着。我宣言反對這種淺薄的論文，但同時我也承認，一直到那時我所研究的，還不容許我對於法蘭西前途底重大意義，敢於大胆地加以我自己的判斷。'萊茵新聞'底經理人們以為把報紙底論調放軟弱些，即可挽回那所加於該報紙的死刑判決，我就利用他們所懷蓄的這種幻想，從公共舞台退回到我底研究室中去了。"

所以，馬克思所感覺的要研究經濟學和社會

主義的必要,以及他對於自由的,無拘束的活動的渴望,結果使他退出了他底編輯地位。隨後他就結了婚,還必須要供給自己底家用。但他自始即決定把他底"物質的存在"附屬於他底"精神的希望"上去。

II

馬克思主義底形成時代

1. "法德年書"

在1843與1844年間，我們在馬克思底理智發展中看到了第二個，也可說是最重要的，嚴重時代。1837年時，他已經成了一個黑格爾底信徒,在接着的次兩年中,他更深刻地,更澈底地鑽研黑格爾底學說。在1843與1844年間,他成了一個社會主義者,在這下兩年中,他就奠下了連繫着他底名字的社會的和歷史的理論底基礎。關於他成為一個社會主義者的道路與由甚麼研究把他引向到社會主義，我們不曉得。所能說的只是，在1843年夏季，他一定遍讀了德國社會主義的文獻，正如他在1837年研究黑格爾底學說時一樣辛勤。在他約在1843年寫給露格的信中，并印在"法德年書"(The Franco-German Year Book)上的，我們找得幾段，可以證明他底突然轉變。在從哥隆所寫的一封信(1843年五月)中，他說："這種營利和經商的制度，以及財產和剝削人類的制度，在現社會中一天一天趨於破裂，比人口底繁殖還要來得快，這種破裂，舊社會不能醫治，因為牠實在沒有力量去醫治或創造，牠只存在着，享用着而已。"

這仍然是一種偏重感情的氣息，決不是辯證的批評。但是後幾個月他却有了一日千里的，可驚的進步，走向一種歷史觀和社會觀底根本觀念，這種根本觀念即後來大家所曉得的"馬克思主義"，而且在那最豐富的創造活動底幾年中，即1845——1846年，他又用這種根本觀念建築成一種完全的體系。在一封1843年九月從克魯慈娜黑（Kreuznach）所寫的信中，他表示已經熟習了傅立葉，蒲魯東，卡伯（Cabet），衞特林（Weitling）諸人底著作，他看見他底任務並不在建設烏托邦，而在批評政治的社會的情形，"在解釋時代底鬥爭與希望。"1843年冬，他已經進步到能夠寫黑格爾底"法律哲學"底批評底導言了，這一篇導言是他底論文中最勇敢而且最漂亮的一篇文章。他討論德國底革命問題，並問那個階級能夠完成德國底解放。他底回答是：對於德國革命與解放的積極條件是"造成一種在鎖練中的階級，造成一種在資產階級社會中的，但不是'資產階級社會性'的階級，造成一種打破一切等級的等級。被簡化為一種特殊等級的這一社會，其解體後的產物就是無產階級。無產階級在德國是跟着產業運動底開始發生起來的；因為產生無產階級的，不是由自然情勢而來的貧窮，而是由人為方法所創造出來的貧窮，不是被社會制度底壓力所抑制的羣衆，而是從社會——尤其是資產階級——底尖銳的破壞所產生的羣衆。當無產階級宣布現存事物制度之解體的時候，牠僅是宣布了牠自己底存在底祕密，因爲這種事物制度底實際解體是在牠自身中。當無產階級要求否定私有財產的時候，那牠僅是把牠所曾經不自覺地體現在其自身中而爲消極的社會產物的，提高起來做一般的社會原則。"

這是馬克思在巴黎的時候寫的，他於1843年十月伴着他底年輕的妻子移居巴黎，去就露格所辦的"法德年書"。在一封1843年九月從克魯慈娜黑寫給露格的信中，馬克思總括這個定期刊物底綱領如下：

"卽或'未來'之形成及其最後改造不是我們底任務，然現在必須用我們底聯合力量去完成甚麽，這是很顯然的，我底意思是說，要大膽地批評一切現存制度——所謂'大膽'云者，就是這種批評不要怯避牠底邏輯的結論，也不要畏懼一切現存的權力。所以我不贊成那些要我們建立'武斷主義底標準'(The Standard of Dogmatism)的人們；絕不是如此；我們寧是要盡我們底力之所及去救助那些陷於武斷的人們，使他們可以看出其自己的主義之糾纏不清。例如指出卡伯，德薩彌(Dezamy)，衛特林以及其他諸人所宣傳的共產主義只是一種'武斷的抽象'(Dogmatic Abstraction)……再，我們還要影響我們底同時代人，尤其是我們德國的同時代人。問題是：這怎樣進行呢？這有兩個要素不能忽視。第一宗教，第二政治，這是在今日的德國所最要注意的兩件事……就日常生活說，'政治的國家'(Political State)，卽令在那裏，日常生活不曾由'社會主義的要求'(Socialist Demands)而被意識地完成了，但牠(政治的國家)固在一切近代的形式上履行了'理性底要求'(Demands of Reason)。還不止於此。這政治的國家還處處以實現理性為前提。但這樣以來，牠就使其自身處處陷於其理想目的和其現實成就之間的矛盾中了。所以'社會的眞理'(Social Truth)是從政治的國家與其自身的矛盾中展開來的。"

　　無疑地，黑格爾的國家觀，以爲國家是理性與道德底體現，這是與"實際的國家"（Actual State）底組織與活動不大適合的。馬克思又進而指出"政治的國家"在其歷史上是社會底鬥爭，需要和現實底表現。那麽，如法國與英國底烏托邦派所想的，以爲討論政治問題就是毀傷了社會主義者底尊嚴，這是不對的。政治問題的討論寧是這樣的一種工作：導入黨派的鬥爭，離開抽象的理論。"我們不是以空談的形式向世界宣布任何新的原則，說：'這是眞理，在牠底面前拜倒！'我們決不說：'切勿鬥爭，鬥爭是傻！'我們僅僅要使人們弄清楚，他們是眞正地爲着甚麽鬥爭；要使他們弄清楚那無論他們願意不願意而他們所必然要向往的那種意識。"

　　這是以一種澈底辯證的態度來表明的。這位思想家沒有提出新鮮問題，也沒有提出抽象的武斷，只是激醒人們要瞭解"未來"是由"過去"發展出來的，而以政治的和社會的戰士們自己底行動底意識去激勵着他們。

2. 與恩格爾思的友誼

"法德年書"只出過第一卷(1844年春)。第一卷中除馬克思底兩篇論文(一篇是"黑格爾法律哲學批評"，一篇是"猶太人問題")外，還載有一篇宏富的論文，"政治經濟學批評大綱"(Outlines for a Criticism of Political Economy)，這是出於佛里德里希·恩格爾思(Friedrich Engels——1820年生於巴爾滿——Barmen；1895年死於倫敦)底手筆，他那時寓居在滿切斯特。1844年九月，恩格爾思到巴黎去拜訪馬克思。這次的拜訪是他們兩人間終身的親密友誼底發軔。他倆假若沒有親密的協力，將不會成就了他們所曾成就的。

馬克思是一個偉大天才的理論家，思想王國底主宰，但他在日常生活底事務中，却是不大合乎實際的。假若他終身能享有一種經常的進款，他或者就是沒有恩格爾思底幫助，也能夠達到他底目的。另一方面，恩格爾思是一個卓越能幹，精力瀰滿，修養高深的人，凡他所擔任的每一件事，都能切合實際而臻於成功，但却不曾賦有戰勝理智危機，而開闢新天地的思辨氣質。假若不是在理智上與馬克思結合，他或者不會勝過希斯（Moses Hess）。馬克思絕不是一個空想家；他底精神飽含着黑格爾的辯證法，這使他不至於陷入到一切永久的眞理與終極的社會形式。相反的是，直到1844年，恩格爾思還是一個烏托邦派——直到馬克思給他解釋了政治社會的矛盾意義，解釋了文明人類底歷史底基礎，動力，靜止和運動，他纔轉變方向。恩格爾思底"政治經濟學底批評"，在一個從事商業的二十三歲的青年說來，是一篇極值得注意的作品，但這一篇文章并不曾超過歐文，傅立葉與蒲魯東諸人底著作底水平。恩格爾思在歐文底"新道德世界"（1843——44年）上所投的一些稿子，比起歐文派的作者們固然是更"哲學的"，但就事實而論，究竟在他們之間，沒有顯著的區別。"經濟矛盾底體系"(The System of Economic Contradiction)一書是蒲魯東當恩格爾思發表其"政治經濟學批評大綱"時所著的，這部書就批評方面說，其所表現的思想底色調，正與我們在恩格爾思底書中所看見的是一樣。二者都是極力暴露資產階級經濟制度底矛盾，并不是要在這些矛盾中去發現社會進步底源泉，而是以"正義"底名義去責備牠們。歐文派把他們底體系看作是很完備的，蒲魯東與恩格爾思，彼此不相關地，努力要把他們自己從社會主義的烏托邦派(Socialist Utopias)解放出來。蒲魯東後來成了一個和平的無政府主義者，求救於"自治的經濟團體"(Autonomous Economic Groups)底計劃，這種計劃是要施行一種"等價勞動"底相互交換。另一方面，恩格爾思則在馬克思找得了解決他底困難的方法，他即以終身的友誼和虔誠報答馬克思。這種友誼和虔誠，眞的，又成了馬克思底莫大的臂助。若沒有恩格爾思底學問的和金錢的援助，馬克思以其不合實際的，不屑依賴的，同時又是傲岸而不妥協的性質，一定是要受着放逐流徙的危險的。

3. 與包爾和露格的辯論

在"法德年書"已經停刊以後，馬克思認識了經濟學底重要，以較前更大的熱情研究英德政治經濟學體系，以非常堅決的意志繼續他對於社會主義和歷史的研究。他不復有絲毫猶豫或動搖；他深曉得他所要的是甚麼。當他還是一個黑格爾信徒的時候，他已經超越了"意識形態的冥想"（Idiological speculation）底那個時代，他於是不得不，正如在1837年秋一樣，從他底新的立場去檢察過去與未來。他把他底研究完成了一部"神聖的家庭"，這一部書是1844年秋產生的，恩格爾思對於這部書也有點供獻。他在這部書中與他底以前的師友包爾及其兄弟伊戛爾（Egar）算了帳，因為他們不能從黑格爾脫離出來。這部書底目的是要逼着少年黑格爾派走上社會批評底道路，催促他們前進，防制他們墮入印板式的抽象的思維方法。這部書是不容易讀的。因爲馬克思把他那時所有的哲學，歷史，經濟學，以及社會主義等等底智識，以精粹簡練的形式結晶在這部書中。"神聖的家庭"一書，除開精彩地撮述了英法唯物論，幷在其中散見着以幾句短峭含蓄的句子表露英法的唯物論與英法的社會主義之間的連繫外，還包含着唯物史觀底種子，而且第一次企圖着對於"資本"與"勞動"之間的階級鬥爭給以社會革命的解釋。本書底緒論中曾由"神聖的家庭"中引證過幾句話。馬克思反對包爾底歷史觀，這樣地說："或者他能相信他把科學與工業從歷史的運動中排除，他還能達到歷史的現實之理解麼？或者他眞以爲他不必去研究那一時代底工業，生活自身底直接生產手段，就能了解任何時代麼？……正如他把思想從官感離開，把精神從身體離開，把他自己從世界離開，所以他也就把歷史從科學與工業離開，他不是從在地球上的粗糙的物質生產去看歷史底產地，而是從在天國中的朦朧的思想概念去看歷史底產地。"——（"遺著"——Posthumous Works 第二卷259——260頁。）

包爾是相信觀念有世界的支配權力，而不承認羣衆有任何力量的，曾云："一切歷史上的偉大運動，到現在止，都是命運注定了要失敗，而不能有永久勝利的，因爲羣衆只顧及到利益，而以此激勵着他們——或者他們必要來到一種悲哀的結局，因爲潛伏着的觀念只是這樣的一種性質，所以只要膚淺地瞭解牠就夠了，就是說，這種觀念只計算着羣衆底稱贊。"

馬克思對於這個的答覆是，"偉大的歷史運動常常是由'羣衆利益'（Mass Interest）決定的，也只有當這種運動是代表着'羣衆利益'的時候，某種'觀念'（Ideas）纔能在這種運動中得勢；否則，這種'觀念'固然可以激發一種狂熱，但不能成就甚麼結果。'觀念'若是離開或違反了'利益'，牠就會陷落到泥坑裏。另一方面，這是很容易瞭解的，卽：每種在歷史中發展着的'羣衆利益'當第一次出現於世界舞台的時候，就要，以一種觀念或利益底表現，大大地超越其實際限度，而且使其自身純潔地，質樸地，與'人類利益'（Interest of Humanity）相一致。因此法蘭西革命底觀念，不僅握住了資產階級，固然牠在這次的偉大運動中，自己表現着是爲的資產階級利益，而且也在勞苦羣衆中激動了一種狂熱，雖然牠並不能爲勞苦羣衆底生存條件做出一點甚麼。如歷史所證明的，觀念只有在適應着'階級利益'（Class Interests）的時候纔能獲得有效的結果。這樣的觀念所產生出來的熱情是從這些觀念表示着一般人類解放底意義的幻想中發生出來的。"——（"遺著"，第二卷，第181——3頁。）

1844年八月，馬克思在巴黎"進步報"（Vorwarts）底"批評札記"欄內發表了一篇很長的對於露格的辯論，這篇辯論是防衞社會主義和革命，而參加德國無產階級反對露格的。"關於德國工人底文化階段或他們對於文化的能力，我可以指出衞特林底聰明的著作，他底著作在理論方面，常是超過了蒲魯東底，縱令在技巧上是不及蒲魯東底。關於論解放問題的，資產階級（他們底學者與哲學家包括在內）那裏能夠陳示一部作品如衞特林底'和諧與自由底保證'('Guarantees of Harmony and Freedom')呢？若是人們把德國底那種無味的，沒有生命的，庸俗平凡的政治文學，與德國工人底那種狂放無羈的，但是生動流麗的文學處女作比較一下，若是把'無產階級底巨大的嬰兒履'(Gigantic baby shoes of the Proletariat)與'德國資產階級底猥小破舊的政治履'(The dwarfishness of the worn-out political shoes of the German middle class)比較一下，人們就能為'日耳曼的辛德列拉'(German Cinderella)（註）預言一種角力的身材。人們必須承認德國無產階級是歐洲無產階級底哲

（註）Cinderella 是一種著名童話中的女主人翁，此喻德國的無產階級。

學家，正如英國無產階級是歐洲無產階級底經濟學家，法國無產階級是歐洲無產階級底政治學家一樣。人們必須承認德國是被命運注定了要在社會革命中扮演這樣的一種模範任務，正如其無力在政治革命中扮演任務一樣。因為，猶如德國資產階級底虛弱就是德國底政治的虛弱一樣，所以德國無產階級底力量——即令不說德國的哲學——就是德國底社會的力量。"

在那時候（1844年），馬克思卽已參加了僑寓巴黎的德國工人階級，他們都信奉那時盛行着的各派社會主義與無政府主義的學說，馬克思極力想以他自己底觀念去影響他們。他也與海涅（那時海涅正向共產主義賣弄風情）發生了一種親切的但不是沒有益處的交際。他也與蒲魯東常相接觸，他極力使蒲魯東多多地研究黑格爾的哲學。蒲魯東在其第一部著作"甚麽是財產？"（"What is Property?"——1840年）中已經應用過黑格爾的公式，馬克思或者相信他能把他誘掖到社會主義方面來。蒲魯東，他，像德國的衞特林一樣，出身於無產階級，是以上述的著作，以一個社會理論家開始其活動，這部著作對於馬克思和德國底一般社會主義者都有一種興奮的影響，尤其是因爲蒲魯東顯示出他對於古典德國哲學的深邃的研究。在這部書（"甚麼是財產？"德文版，1844年，第289頁）中，他總括全部問題如下："照着黑格爾的公式來表述這個問題，我可以說，公社（Mark），第一種，共同生活底第一決定，是在社會進化中的第一個練環，即'正題'；財產是對抗的原素，即'反題'；只要我們能得着第三個原素，即'綜合'，問題就解決了。'綜合'只有由以'反題'取消'正題'纔能完成：所以人們必須在這'反題'上研究其特徵，廢黜那反共同生活的東西，然後在其餘二者底聯合中就可看見眞正的人類的共同生活。"

這實在是一種淺薄的黑格爾辯證法底概念，因爲蒲魯東所要尋獲的，不是一種"綜合"，只是一種"結合"（Combination）；不過以一個法國工人而論，能夠運用德國的哲學公式，實是一種斐然可觀的成績，而且前途是有無限希望的。馬克思不肯讓這個機會滑過，他以長期的辯論，與蒲魯東討論黑格爾哲學。——(馬克思："哲學底貧困"，德文本，司徒嘉德——Stuttgart——1885年版，第29頁。)

但是，在這個活動中，馬克思以及其他在巴黎"進步報"投稿的德國人，都於1845年一月，因普魯士政府底煽動，被逐出法國了。馬克思則收拾行李，離開巴黎，往不律塞爾（Brussels）去了，他在那裏，除短期的離開以外，直住到1848年二月歐洲革命暴發的時候。在僑寓不律塞爾的期間，他底大部分時間都是用在研究經濟學上面，恩格斯把他所有的關於政治經濟學的書籍都供給馬克思讀。馬克思把他對於蒲魯東的批評所研究的結果，結晶為"哲學底貧困"（Misère de la Philosophie）一書，於1847年出版。

4. 與蒲魯東的辯論

馬克思底"哲學底貧困"一書，表現了他底第一時期的創作底頂點。在這批評的意見中，他把他底地位表現得很清楚，不僅是關於蒲魯東，而且是關於一般的空想社會主義（Utopian Socialism）。這部書也顯出了在馬克思底研究中的轉換點，即：英國政治經濟學今後佔據了德國哲學所曾佔據的地位。反蒲魯東的辯論所以是值得充分討論的。

皮耳・約瑟・蒲魯東（Pierre Joseph Proudhon——1809年生於柏桑松——Besancon, 1865年死於巴黎）是近代的無產階級所曾產生的社會哲學家中最賦有天才，最卓絕穎悟的一個人。他原先是一個排字工人，猶如與他有相似的精神的英國同代人，約翰・法朗士・布雷（John Francis Bray），即在1839年出版的"勞動底不公平"（Labour's Wrongs）底著者，不過蒲魯東對於讀書却有更深的興趣，而且有豐富的文學稟賦。他極力以自修方法去獲得古典文,數學與科學底智識,勤奮而無別擇地涉獵經濟學,哲學歷史等著作,專心致志於社會批評。以一個西歐工人而感覺到必須要深研康德, 黑格爾,以及費爾巴黑如蒲魯東之所爲者,且是由法文翻譯及由與在巴黎的德國學者的交際去研究的,這實是稀罕的事。他懷着把法國的輕鬆活潑的精神與德國的事事求是的澈底精神融貫起來的高貴的雄心遠志。但"自修"不曾給他以比智識更有價值的"理智的訓練",只有有了這種"理智的訓練",纔能產生把所獲得的智識整理而利用之的力量,纔能把自己底工作置之於自我批評。系統教育底價值,主要的不是在於獲得智識,而是在於把我們底理智的天稟訓練成爲研究與理解底工具,訓練成爲有方法的思維與健全的判斷底工具, 使我們能夠在現象, 經驗與觀念底紛紜激擾中更容易決擇我們底方向或態度。一個自修的人無疑地可以達到這種程度的修養,但必須把其獨立創作底第一次的嘗試置之於一種嚴格的但是和善的批評,只有這種批評纔可以使他訓棟其思想。蒲魯東却不是如此；他缺乏"精神的自我訓棟"（Mental self discipline)。他底第一部著作"甚麼是財產？"（1840年）馬上使他獲得大名，使他堅信輿論對於他底學問和力量已經是十分敬服，甚至於使他陷於自滿自負。譬如，當法國歷史家米希萊（Michelet）不贊成他底格言"財產是贓物"一語時，蒲魯東答覆道，"一個人在一千年中也遇不着兩次這樣的批評如米希萊之所云者。"（"經濟的矛盾"，勒比錫，1847，第二卷，第301頁。）然而這個觀念現在是舊得像共產主義自身那樣舊的了。此外，詞藻底流麗豐富（蒲魯東本是以此著名的）很容易使他看不見他底理智修養底缺點。因此他往往再發現其前輩人底觀念，沾沾自喜地發表於世，這在他是常有的事。他以一頁又一頁的論證，握住讀者期待着他對於價值底性質所要給的解釋，他特把價值標著爲"政治經濟學底隅石"（Cornerstone of Political Economy)。最後他揭露這個祕密："使我們自己認識這個力量的是'時間'。這個力量……就是'勞動'。"他底主要著作"經濟矛盾底體系"充滿了哲學的公式和語詞如正題,反題,二律矛盾(Antinomies),綜合,辯證法,歸納,三段論法(Syllogism)等等,並充滿了拉丁,希臘,希伯來的語源;常常還徬徨到不相干的哲學和神學的歧路以及其他一些枝枝節節的問題,這與其說是由於作者想炫耀其博學多識,不如說是由於他缺乏理智的訓練,不能充分地支配綜合他底材料。這部書是想把德國哲學和英法政治經濟學貫穿起來,本書底著者相信這部書一定能夠獲得德國社會主義者,尤其是馬克思底欣羨敬服。他寫信給馬克思以引起他底注意,而且等待着他底"嚴刻的批評"。批評終於在"哲學底貧困"(不律塞爾,1847年)中來到了,但這個批評不復能達到其目的了,因為在二人之間的根本異趣,已經擴大成一個不能再架橋梁的深澗了。馬克思差不多已經完成了他底唯物的,辯證的,革命的社會主義,蒲魯東則已經以無政府主義的聯合經濟基礎奠定了他底和平的無政府主義 (Peaceful Anarchism) 底基礎。馬克思，以其銳利的分析，以其綜合的智識，以其痛恨蒲魯東之對各種社會主義派和領袖濫下攻擊的憤激情緒，給蒲魯東以嚴厲的批評，暴露他為一個哲學和經濟學底涉獵者，同時馬克思又提綱挈領地把其自己底歷史觀與經濟學槪敍出來。

馬克思底批評是不客氣的，然人們也不能不承認，蒲魯東，雖然有他底很顯然的種種缺點，也曾很忠實地，熱烈地，極力要把他自己從資本主義與空想主義解放出來，幷努力計劃出一種經濟制度，在此制度中，人們，將如他所想像的，可以度着一種自由的，勤勉的，正當的生活。蒲魯東自己所曾擔任的任務，與引起馬克思底注意的任務是一樣的，卽批評政治經濟學，並批評偏於感情的空想社會主義。這是蒲魯東體系底'主要音調'(key-note)，這種音調差不多在每章中響亮着。但是他缺乏那使他能夠勝任的必需的學問與歷史的理解。他底全部批評實際上是在於訴說：財富與貧困是並行地積纍着，種種經濟範疇——使用價值，交換價值，分工，競爭，壟斷，機器，財產，地租，信用，租稅等等——到處顯示着矛盾。蒲魯東底特殊問題如下："任何國家底工人每年所生產的財貨底價值，假定是二十萬萬。但是假若工人們以消費者的資格想買回這些貨財，他們就必須要支付二十五萬萬。這樣工人們於是被騙去了五分之一。這眞是一個可怕的矛盾。"——（"甚麼是財產？"第四章；"經濟的矛盾"卷一，第292——93頁。）這個問題底說法表明了蒲魯東對於價值問題底主要形勢還不懂得，雖然他也引證過亞丹斯密，李嘉圖等人底著作，他們底著作他一定已經讀過了的。假若他眞正地了解了這些經濟學者，而且要從正義底立場去批評他們，他應該要這樣去敍述這一問題："任何國家底工人每年所生產的財貨底價值，假定是達到了二十萬萬。但對於他們底工作，他們收回了這財產底某種數量，作爲工錢，其價值假定爲十萬萬或十二萬萬。這算得公平嗎？"只有這樣敍述這個問題，他或者纔能宣露出工錢，價值，利潤，資本以及資本底矛盾等等底性質。蒲魯東只是在交換底領域中看見欺騙與掠奪底罪惡，而不是在生產底領域中看見牠們底罪惡，而且他也不曾問問自己，假若勞動只生產了價值二十萬萬底財貨，這二十萬萬底財貨"怎樣"能夠交換出二十五萬萬底價值來，"甚麼東西"對這所增加的五萬萬價值負責。他所提出來的其他一些矛盾，並不是新的東西，不過他把牠們拿來很巧妙地討論一回。例如：交換價值底本質是勞動，勞動創造財富，但財富生產得愈多，牠底交換價值也愈小。或是：分工，照亞丹斯密說，是增加財富的一種最有效果的手段，但是分工愈向前進步，工人愈向下沈落，直降到成爲一種執行極微部分動作的愚昧的自動機。關於機器的矛盾也是如此。"競爭"激發了努力，但牠由於假騙，自私自利的行爲，以及人與人之間的突衝，而在其後帶來了很大的貧苦。進一步說，租稅應該是比例着財富徵取的，但實際上則是比例着貧窮徵取的。土地私有制應該可以增加生產力；但實際上，牠却剝奪了農民底土地。他這樣來推翻政治經濟學中的矛盾，所以我們到處都可看到這樣的一些名詞：正題，反題，或二律矛盾（在兩個已經成立的命題之間的矛盾）。從這個矛盾中產生出來貧困。這個解決或綜合，卽是創造一種經濟制度，這種經濟制度將把好的要素保存在這個範疇中，而把壞的要素擯斥出去，這樣來滿足正義底要求。這正是社會主義所不能爲力的。"因爲這種經濟制度是立基於一種嚴格正義底計算之上的；而不是立基於友情，犧牲與仁愛之天使似的感情之上的，而現代許多善意的社會主義者却正努力在人們中激發着這樣的感情。他們要像耶穌基督一樣去向人們宣講犧牲底必要，幷在其自己底生活中樹立犧牲底模範，這是沒有益處的；因爲人們底自私自利比之友愛犧牲……底感情來得强烈的多，而且只能由一種嚴格的正義與不變不易的經濟規律來限制。人道主義的熱情固然可以促致文明進步，但這樣善感易變的危機，如價值底動搖之類，結果只是在一種更嚴格的更受限制的基礎上建立起規律和秩序來。自然或上帝只在我們底心田中種植了'猜疑'，沒有甚麼對於人類之愛的'信賴'；雖然我這裏所說的，對於人類良心是一種羞恥（因爲我們底僞善遲早總是要面對着這種良心的），然而科學處處所洩露給我們的，關於上帝對於人類社會進步所設的計謀，總是表明上帝方面對於人類只是深惡而痛絕。"——（"經濟矛盾底體系或貧困底哲學"第一卷第107頁。）他對於工會主義(Trade Unionism)底制度，其鬥爭底方法以及國家政治等之爲階級組織底和國家底一般作用，正是同樣嚴厲地斥責着。實現社會正義的惟一道路是創造一個"生產者底社會"(A Soceity of Producers)，生產者均按照其等價勞動相互交換其財貨，在財富生產的適當關係中進行工作，或者，更明白一點說，就是設立一種供給與需要相互平衡的制度。

馬克思對於"貧困底哲學"的答覆，卽由"哲學底貧困"這一書名立卽表示出來。他首先討論蒲魯東底著作底經濟細節，以實際的證據證明書中所包含的正題與反題半是由一知半解地讀了英法政治經濟學者底著作產生出來的，半是直接由英國共產主義者取來的。馬克思已經在這一方面顯露出來他對於經濟文獻的廣博學識。然後他把蒲魯東底哲學的和社會的理論與他自己底推論相對照，而且給了許多積極的結果。馬克思底主要目的是要去誘掖那些社會主義者捨棄其烏托邦主義而明白地思維實在主義 (Realism)，在他們底歷史背景去觀察社會的和經濟的範疇：

"經濟的範疇只是流行於社會中的生產條件(註)之理論的表現，與理想的概念……蒲魯東很

(註)生產條件 (Conditions of Production), H. Quelch 英譯本作社會的生產關係 (Social Relations of Production)。

瞭解人們在一定的生產條件之下製造棉布麻布等等。但他所不瞭解的是，這些生產條件自身也正是人類的產物，正如棉布麻布一樣。社會條件是與生產力密切地連繫着的。人們獲得了新的生產力，就要改變其生產方法，生產方法改變了，取得生活的方式改變了，他們就要改變其社會條件。用手推的磨子產生了一個有封建諸侯的社會，用蒸汽的磨子產生了一種有工業資本家的社會。但卽這適應着物質生產力形成社會條件的同一人們，也適應着其社會條件形成了原理，觀念和範疇。因此，這些觀念，這些範疇，也正如牠們所表現的條件一樣，不是有永久性的東西。牠們是歷史之暫時的和變化的產物。我們是生活在生產力底不斷的生長運動中，生活在現存社會條件底不斷的破壞運動中，生活在觀念底不斷的構成運動中。"——（"哲學底貧困"，1885年司徒嘉德版第100——101頁。）

這裏尤其要注意的是馬克思把一種有力量的

革命效果歸之於工業主義(Industrialism)，他以各社會底不同的勞動方法表出不同的社會形式底特徵。或者，如他後來在"資本論"中所說的，"區別各種社會形式的，不是生產了一些'甚麼'(What)，而是'怎樣'(How)生產的。"他所要說的是，觀念與思想體系是被牠們底時代所限制，牠們又是以當時正流行的生產力爲條件的。要想懂得某時代底觀念和思想體系，人們必須研究在牠們之前的那時代，幷要研究這觀念和思想體系自身，而找出那些與舊形態相矛盾或相對立的新形態是不是已經發生起來。或者，如馬克思所說：

"封建制度也有牠底無產階級——農奴——這種無產階級包含着資產階級底一切種子。封建的生產也有兩個矛盾的原素，這兩個矛盾原素同樣特別表現爲封建制度底'好的'方面與'壞的'方面，雖然常常還是'壞的'方面對'好的'方面得了最後的勝利。喚起創造歷史的偉大運動的就是這壞的方面，這壞的方面在運動中常把鬥爭推進到頂點。假若，在封建制度正握霸權的時候，一般經濟學者，狂熱地爲着騎士的德行，爲着權利與義務之間的美麗的調和，爲着城市底族長的生活，爲着鄉村的繁榮家庭工業，爲着組織成組合，公司與基爾特的工業底發展，一言以蔽之，爲着構成封建制度底好的方面的每一事物，而排除那能夠在這幅畫片上投射暗影的每一事物——農奴制度，特權階級，無政府狀態——而以此爲擺在他們面前的問題，那末封建制度將在何處結局呢？他們或者已經毀壞了那喚起鬥爭的每一原素，或者已經在萌芽中就摧折了資產階級底發展。他們或者已經提出了塗毀歷史的謬誤問題。

"當資產階級已經來到頂點的時候，無論封建制度底好的方面或壞的方面，都不成問題了。曾經在封建制度之下由資產階級底動力所發展起來的生產力，現在是歸資產階級所支配。一切舊的經濟形式，適應着這種經濟形式的人與人之間的法律關係，以及爲舊社會底官式表現的政治制度……

一切都被震搖得粉碎了。"

那些社會主義者與社會革命家，把社會底壓迫與鬥爭看作是一種絕對的罪惡，而計劃着構成一種社會，裏面只包含着好的要素，這完全是不懂得人類歷史底意義的。他們只是抽象地思維着。他們錯誤地判斷了過去與現在。

"所以，如要對於在封建制度之下的生產，構成一種正確的判斷，人們必須把牠看為是立基於矛盾之上的一種生產方法。人們必須指出在這個矛盾中財富是怎樣生產的，生產力怎樣與階級底對抗同時發展着，這些階級中的一個階級，即壞的方面，社會的罪惡，是怎樣不斷地生長着，一直要到牠底被解放的物質條件圓滿地成熟了的時候。

"生產手段，生產力在其下發展着的條件，決不是永久不變的規律，寧是適應着在人類及其生產力底進化過程中的某一定階段的，人類生產力底變動必然要引起人類生產條件底變動，這豈不是表現得十分清楚的麼？

"資產階級隨着一種無產階級開始,這種無產階級自身是一種'封建無產階級'(Feudal Proletariat)底殘餘。資產階級在其歷史發展底行程中,必然要發展其矛盾的性質,這種矛盾的性質在初出現的時候,是多少有點朦朧的,僅以潛伏的形式存在着。比例着資產階級底發展,在其腹懷中發展出來一種新的無產階級,即近代無產階級;於是在無產階級與資產階級之間,就發生一種鬥爭,這種鬥爭,在被感覺,被觀察,被估計,被了解,被承認,最後被公開地宣布於兩方面以前,只在其間發生一種部分的,暫時的衝突與破壞的行動。"

馬克思特闢一章指陳工會組織底必要及其歷史的重大意義,這種組織,雖然那些烏托邦派及經濟學者對之惶恐警告,工人們仍然要去進行着設立,完成,以便能夠抵抗資本底統治。工會底意義是在集合工人們底分散的利益與活動於廣大羣衆運動,與資產階級對立起來;但是,資產階級在其階級自身中並不是沒有利益衝突的可能性,不過一到階級對抗尖銳的時候，他們底這種衝突馬上被放在一邊：

"資產階級在其中活動的生產條件，不是一種單純的統一的性質，而是一種糾纏着一些衝突原素的性質；生產財富的這同一條件也生產貧困；要發展生產力的這同一條件，也發展壓迫勢力；這些條件創造資產階級底財富，就是說，中等階級底財富，僅是以不斷地破壞這一階級底各個成員底財富，和創生一種有加無巳的無產階級為代價纔能成功：這種現象一天一天愈加顯明。"——（"哲學底貧困"，1885，第116——118頁。）

資本家社會底這種矛盾性質，其結果如此：政治經濟學者，他們是現存制度底哲學家，驚張迷亂，莫知所措；至於社會主義者，他們是無產階級底哲學家，也四處張望着尋找解除苦痛的手段。他們咒罵階級鬥爭 (註)，建設烏托邦，籌劃救濟方案，

（註）那時的社會主義者都是歐文派與傅立葉派，他們咒罵一切階級鬥爭，工會式的罷工以及勞動政治。

然而惟一的，眞正的解決（因爲牠是從實際情形中發生出來的惟一解決），只是堅決地去發展被壓迫階級底組織，使這一階級自己意識着牠底鬥爭底目的。因爲新社會將要從這些鬥爭中發展出來，自然，這新社會只有當生產力已經發展到更高階段的時候纔能發生起來。或如馬克思自己說的：

"一個被壓迫階級是立基在階級對抗上面的任何社會底一個非常重要的條件。所以，被壓迫階級底解放，必然包含着一個新社會底創造。爲要使被壓迫階級能夠得着解放，必須要達到這一階段，卽：既得的生產力與現存的社會關係不復能兩立幷存了，而最偉大的生產力要是革命階級自身。革命分子之組織成爲一個階級，以能在舊社會底腹懷中發展着的一切生產力底完備形式底存在爲先備條件。這意思是說，在舊社會制度崩潰之後，將有一種新階級統治，高踞在新政治權力之上麼？決不是。勞動階級底解放條件是消滅一切階級，猶如第三等級（The Third Estate）卽資產階級底解放條件是消滅三個等級。勞動階級在其進化底行程中，要以一種消滅了一切階級與階級對抗的'聯合'(Association)來代替舊的資產階級社會，在這種聯合中不再有任何眞正的'政治的權力'(Political Power) (註)，因爲在市民社會中的階級對抗底官式表現正是這種'政治的權力'。

"當無產階級與資產階級之間的對抗成了一種'階級對階級的鬥爭'(A struggle of a class against class) 的時候，這種鬥爭，一到最高表現的階段，就成了一種完全的革命。那麼，建立在階級對抗之上的社會，在其最後解體的時候，將要引起殘酷的鬥爭以及'人對人的衝突'(Collision of man against man)，這有甚麼可驚呢?不要說社會運動排除政治運動。決沒有那一種政治運動不是同時即爲一種社會運動的。

"只有在一種沒有階級，沒有階級對抗的事物制度中，'社會進化'纔不至於成爲'政治革命'。一直

(註)馬克思底意思卽是指國家。

到那時候,即每一社會底總改造底前夜,社會科學底最後警句總是:'非奮鬥即死;非血戰即毀滅!我們這樣來對付殘酷問題。'——(喬治·桑德——George Sand)。"

"哲學底貧困"隨着這個戰鬥的呼聲而結束了。牠是"共產黨宣言"底前序,"共產黨宣言"在其自身中,不過是一種在對蒲魯東的辯論中所發展着的積極學說底通俗說明。

III

狂風暴雨的年代與命運底變遷

1. 四十年代底革命精神

說馬克思是一個革命家，不僅是說他是一個新社會觀底代表者，新經濟制度理論底建立者，而且是說他極力主張"運用暴力"(The use of force)，關於這一點，他把法國大革命底最初幾年視為一種典型。他有一種聰銳的耳，聽得見茫茫人海中的革命濤聲。在他把其新社會觀底要素在心中積纍起來，而且把牠們形成爲一種體系的那幾年，大地是包滿着革命的氛圍。1842年，英國發生了第一次大規模的罷工，這一次的罷工，大有擴大成爲一種總罷工的形勢，而且帶着一種政治革命的性質。1843與1844年，革命臨到底觀念迅速地普遍到德國各處，社會主義的刊物像雨後春筍似地出現於各工業中心。法國叢集着社會主義的派別，社會主義的小說以及新聞雜誌。共產主義這怪物在歐洲徘徊着。1848年二月初威廉第四（Frederick William IV.）所召集的聯合會議是被視爲德國革命底前驅。在這些現象之間的聯繫不能逃過明眼的智識分子。隨着產業底擴張與鐵路電報底迅速建設，來到了經濟繁榮與經濟恐慌底循環，貧困一天一天的強烈，工人更艱苦卓絕地對工錢鐵律（The Iron Law of Wages）奮鬥，對微薄工資奮鬥，這種微薄的工資幾乎不能使無產階級維持一種"赤條條的生存"。在英國的呼聲是："工場愈多，貧困愈甚",但同時又說:"民衆底政權愈大,解放愈有把握。"人們只要這幾年是在英國與法國住着的,且討論過社會主義的,都不禁感覺到政治革命與社會革命已經是箭在弦上的了。

在1843年三月從荷蘭寄給露格的第一封信中,馬克思即已討論了正在來臨的革命,而且預先看到了威廉第四政府正在推進一種革命,這使露格非常驚異,他決不相信有此。那時候,馬克思剛纔開始研究社會主義;他愈向前研究,專心致志地研究其社會的辯證法(Social Dialectics),推闡階級鬥爭底觀念,愈不得不進到這個結論,即無產階級革命,無產階級奪取政權,是對於共產主義勝利的非常必要的序幕。

空想社會主義站在國家以外,企圖離開國家,在國家背後建立一種社會主義的共和政治(Socialist Commonwealth)。烏託邦主義以其道德的宗教的動機與中世紀共產主義的傳統,滿含着對於國家的輕蔑精神,這是加特力教會在隆盛時代的一種特徵。馬克思對於一切實際的權力形式是認識的,他在國家中看見了一種執行的權力,問題只是把這種執行的權力推翻或是把牠在社會革命中用爲一種極端有力量的工具。因爲研究政治學和英法社會主義的結果,馬克思捨棄了黑格爾對於國家的過於矜持的觀念,而接受了那時代流行於西歐思想中的意見;但他則以階級鬥爭的意義去解釋國家,把牠解釋爲統治階級與佔有階級底"執行會議"(Executive Council)。

在他底社會學體系與歷史體系之根本原理底進化期間所深植於馬克思心中的一切印象,觀念,經驗,和思維方式,支配着他底生平著作底全部。

馬克思主義是十九世紀前半期底革命環境底一種自然發展。馬克思完成了那時代底社會革命的理論,他宛如那時代底執行者。他底一切思想和感情完全是那個時代養成的,沒有絲毫"猶太人的"氣質。我所曉得的猶太哲學家,社會學者或詩人,沒有那一個帶着這樣少的"猶太人的"氣質如馬克思一樣的。

2. "共產黨宣言"

馬克思在不律塞爾，也猶其在巴黎一樣，常常到德國工人協會 (Society of German Workingmen) 以演講或談話教育他們。他是被恩格爾思誠摯地幫助着，恩格爾思很有時間與金錢專任這個任務，他在巴黎，哥隆，易北菲爾 (Elberfield) 及其他城市的時候，都努力研究這新學說。自從1836年以來，德國工人住在國外的，組織了一個 "正義人同盟" (League of the Just)，這個同盟從1840年起，即在倫敦設立了總部。各支部藉 "共產主義者通信委員會" (Communist Correspondence Committes) 彼此聯絡得很密切。巴黎支部與不律塞爾支部引起了倫敦委員會 (London Committee) 對於馬克思的注意，1847年一月，約瑟•摩爾 (Joseph Moll)，倫敦委員會底一個委員，奉命往不律塞爾去訪問關於馬克思的消息。——（見1914年柏林"進步報"出版的墨爾林底再版"哥隆共產主義決議錄"緒論第10——11頁。)結果是把"正義人同盟"轉變爲"共產主義者同盟"(League of Communists)，這個同盟1847年夏在倫敦開第一次會議，恩格爾思與烏爾夫(Wilhelm Wolff)都以代表的資格出了席。1847年十一月末十二月初又在倫敦開第二次會議，這一次馬克思也出席了，他同恩格爾思被指派去準備一個新的政綱。這新的政綱卽"共產黨宣言"(Communist Manifesto)。恩格爾思是從巴黎來的，馬克思是從不律塞爾來的。在離開巴黎之前，恩格爾思寫了一封信給馬克思，日期是十一月二十四日。他在這封信中講到了"宣言"底材料如下：

"只略略地想一下我們底信條。我相信，假若我們丟掉問答式的體裁，而把這東西題作'共產黨宣言'，那將是最好的了。因爲多少要包括一點歷史的敍述，所以現在的體裁是十分不適當的。我把我所寫的原稿帶來；

這是一個平易樸素的敍述，但只是在倉卒匆劇中胡亂草成的。我開始問'甚麼是共產主義?'接著就講無產階級——牠底起源底歷史，牠與早期工人的逩別，無產階級與資產階級對抗底發展，危機，結果，中間插敍一切附屬事件，最後講到要使公衆認識的共產主義者底黨的政策。"——("馬克思與恩格爾思底通信"第一卷第81頁。)

恩格爾思底"共產黨宣言"原稿曾被伯恩斯坦(Eduard Bernstein)編載過。——（見1914年由"進步報"所發表的"共產主義底基本原則"——Grundsatze des Kommunismus。）把這個原稿與實際的"共產黨宣言"比較一下，共包括四組重要觀念:(1)資產階級底進化史，其性質，其積極的與消極的功績——近代資本主義與無產階級底勃興。(2)理論的概念與結論——階級鬭爭底學說與無產階級底任務。(3)實際的應用——共產主義者底革命行動。(4)對於其他社會主義派的批評。

這最後一部分許久以前卽失掉一切實際關係，所以現在我們只討論前三部分。

(1)資產階級是在封建社會底腹懷中，中世紀的工業城市中發展出來的。隨着十六十七兩世紀底地理的發現，牠底活動範圍擴張起來了；牠使工業，農業，以及交通等底方法起了一番革命的變化；牠打斷了中世紀經濟政治的聯繫；牠推翻了封建制度，基爾特，小自治區域，君主專制，而以其迅速集中的生產，建立了近代工業，資產階級選舉，民族國家，同時並建立了國際貿易。資產階級首先顯示了人類活動所能成就的東西。"牠曾經完成了比建築埃及金字塔，羅馬水道或峨特式的大寺院還要偉大的奇蹟，牠推進了比民族移殖或十字軍還要偉大的運動……雖然牠自從成爲統治階級以來，還不到一世紀，而牠創造了比把過去一切時代所創造的合計起來還要強盛還要龐大的生產力。"自然力底征服，機器，化學之應用於工業和農業，汽船,鐵道,電信機,世界各大陸底墾植,疏濬河道使可航行,各大都市底勃起:這是資產階級底積極的功績。現在再說到牠底消極的功績:牠創造了無產階級;創造了不可測度的,不可支配的無政府狀態;創造了經濟條件;創造了週期恐慌——由於過剩生產與過度財富所生出來的貧困與饑饉;創造了對於工人過度的無情的剝削,工人底勞動只被賣去交換一點最小量的生活必需品。這些事實都證明了現在生產力底強大超過了牠在其下活動的條件所需要的:就是現在的經濟制度能夠生產出比在現存的財產法之下的社會所能使用的還要多的貨財,也就是說,分配與實際需要遠趕不上製造與供給。物質生產力壓迫着由私有財產法所加於牠的限制。這樣現象底發生,也因為工人階級由於現存的財產法底原故——現存的財產法把分配權利給予了資本——必須要把其財貨底消費減約到最低額。所有這些條件,總看起來,消極的條件也正如積極的條件一樣,一樣地能產生工人對於資產階級的鬥爭——所以生產主動力乃起而反抗了。這些鬥爭引起了工人們組織工會，激醒了階級意識，而且結果組織了"政治的勞動黨"(Political Labour Party)。

(2)在資產階級社會中的運動，猶如在封建的,古代的社會中的運動一樣，自由民與奴隸,貴族與平民,領主與農奴，行東與僱工,資本家與勞動者,過去和現在總是彼此站在永久對抗的地位,這證明了人類底全部歷史，自從私有財產制發生以來，即是階級鬥爭底歷史，在這些階級的鬥爭中,有時是公開地進行着，有時是掩蔽地進行着，鬥爭底結果，或是新社會形式，新私有形式,新經濟制度發生起來,或者就是這種新社會形式,新私有形式,新經濟制度隨着兩階級底破壞同歸於盡。這對抗的階級是矛盾的經濟利益，所有制度與文化理想底支持者。城市底工匠與店員,市民,對封建領主與騎士為個人財產而鬥爭，為工商業自由而鬥爭,為自由處理個人財產(Personal Property)

而鬪爭,爲民族國家而鬪爭。隨着資產階級底勝利的進步,私有財產逐漸落到更少數人底手裏。無產者是沒有財產的,他們分享不到他們底國家底財富;另一方面,資本底生產一天一天更成爲一種共同協作的事件了,資本成爲聯合產物了。因此,無產階級不復能爲個人所有制而鬪爭,只能爲使屬於公社的生產工具與所生產出來的貨財由社會來指導利用——只能爲此事而鬪爭了。所以,資產階級算是在無產階級中創造了一種社會階級,這個社會階級必須要以消滅資產階級的所有制,而建立無產階級的共有制爲其惟一目的。

(3)在這種工人階級底鬪爭中,共產主義者是這運動底先鋒隊。他們立卽成爲激醒了階級意識的無產階級底哲學家和自我犧牲的戰鬪員。"共產主義者不是一種與其他勞動黨有明顯差異的特殊的黨。他們沒有離開整個無產階級底利益的利益。他們決不是要建立特殊的原則,以便依照這樣的原則去模造無產階級運動。"共產主義者非常看重整個無產階級底共同利益，石重集團運動底共同利益。他們底目的在把無產者組織成一個階級，推翻資產階級底統治，由無產階級奪取政權。他們到處扶助"那反抗現存社會的和經濟的條件的任何革命運動。在這一切運動中，無論財產是呈現在一種甚麼樣的進化狀態，他們特別著重財產問題，要把牠看作是運動底基礎。最後，共產主義者處處要做使一切國家底德謨克拉西黨（註）聯合和一致的工作。共產主義者不屑隱瞞其其意見和志願。他們公開地宣言，他們底目的只有由用暴力推翻每種正在得勢的社會制度纔能達到。讓統治階級在共產主義的革命面前發抖吧；工人們沒有甚麼東西會由社會主義的革命失掉，除開他們底鎖練。他們所贏得的是世界。全世界無產階級，聯合起來！"

從社會哲學底立場看來，這個宣言，一件反映

（註）這裏所謂德謨克拉西黨，在那時的意思卽是工人階級的政治運動，如大憲運動等等。

牠底時代的文書，差不多很完備的。強烈的情緒，卓越的智力，都被編織在裏面。以最勇敢最豐富的精神研究數年所得着的完全熔合在一種最活潑的理智活動底白熱中。但這作品也未能免掉邏輯的缺點。在我所已經引過的一段中，馬克思是很稱贊資產階級歷史上所扮演的任務；然就在這一節底最後幾行，他又說道，"資產階級是產業進步之蠢笨懶惰的工具，"責罵得更厲害的是在第二章中的批評，那裏他嚴責資產階級完全是苟安現狀。"一般人反對道，假若取消了私有財產，則一切活動都會停止，一般的怠惰就要開始了。若果如此，則資產階級社會早已被懶惰所傾覆了；因為資產階級社會中的成員，其情形是如此：做工的人們，一點甚麼也得不着，而獲得最多的人們，却一點工也不做。"這裏是這樣地斥責資產階級懶惰，不做工，然而"宣言"固盛稱道資產階級曾經完成了比埃及，羅馬以及中世紀所完成的還要奇偉的工作，並稱贊牠，說牠當權不過一世紀，卽已創造了比一切過去時代合在一起所創造的還要強大的生產力。一個不做工的階級,如何能生產出來比整個古代與中世紀世界所創造的還要奇偉的工作呢?

馬克思後來把剩餘價值僅僅歸之於可變資本(工錢勞動)底作用,纔使他自己從這個矛盾解脫出來,這一學說,他以鐵的邏輯把牠在其主要著作"資本論"中展開來。

3. 1848年底革命

寫在"共產黨宣言"上的墨汁還未乾,二月革命就暴發起來了。法蘭西雄鷄(Gallic Cock)底叫鳴馬上在日耳曼各部中激醒了一種迴聲,而在不律塞爾,則民主主義者且被暴徒所攻擊虐待。這次攻襲底受難者之一是卡爾·馬克思,他不久以後,更被比利時政府放逐了。但這次的行動不會使他感受若何的窘迫,因爲他是準備着無論如何要到巴黎去,"法蘭西共和國臨時政府"已經寫信請他到那裏去:

"巴黎，三月一日，1848。

"勇敢忠實的馬克思，

"法蘭西共和國底領土是一切爲自由奮鬥的朋友們底避難地。暴虐政治曾經放逐了你；法蘭西，自由的法蘭西，打開了她底大門歡迎你——歡迎你，並歡迎一切爲神聖運動，人類底平等博愛運動而奮鬥的朋友們。法蘭西政府底每個官吏都將以這樣的意義瞭解他底義務。謹致

兄弟的敬禮！

飛狄南・佛勞康，

臨時政府委員。"

但是在巴黎的居留只是一個很短的時期。馬克思與恩格爾思把共產主義者同盟底會員集合起來，並爲他們籌備轉回德國的旅費，以便參加德國革命。他們自己則旅行到萊茵省去，把在哥隆所計劃的新聞機關落到他們底手中了。1848年六月一

日,"新萊茵報"(Neue Rheinische Zeitung)第一號出版了。不必說得主筆就是卡爾·馬克思,同事者卽爲恩格爾思,夫里里格拉斯(Freiligrath),烏爾夫,以及威爾斯(George Weerth)。拉薩爾(Lassalle)也間或投一點稿子。一種日報而能有這樣的一個編輯部,眞是稀有的事。墨爾林在其"馬克思與恩格爾思底遺稿"第三卷中,選摘了一些曾經登載在該報上的論文。這些文章仍然是值得一讀的。這裏略舉幾個例子。在維也納崩落之後,他寫了一篇文章,包括着下面的話:"隨着在巴黎的'赤色共和國'(Red Republic)底勝利,軍隊將從每一國度底腹地深處衝到邊疆上,並越過邊疆去,戰鬥者底眞實力量將明顯地表現出來。那麼我們將記得六月與十月,我們也將喊叫着'不幸哉被征服者!'自從六月和十月的日子以來所發生的無終止的屠殺……將使民衆堅信,只有一個手段,可以縮短,簡化,並集中這社會底磨折待斃的苦痛——惟一的一個手段——革命的恐怖主義。"——("新

狂風暴雨的年代與命運底變遷

萊茵報"1848年十一月六日。）

或者拿該報最後的一篇論文中的一節為例——那是1849年五月十八當該報敗於"污穢的西方喀耳木克（West Kalmucks）(註) 底狡展譎詐"的時候。

"在告別我們底讀者的時候，我們要促覺他們記憶着載在一月份第一號中的話：'法國工人階級底革命的異軍突起，一般的戰爭——這就是1849年底指數。已經在東方有一個由一切國家底戰士所組成的革命軍隊，與那由俄羅斯軍隊所代表着，且與牠同盟着的古舊的歐洲對峙起來，已經從巴黎照耀着赤色共和國。'"

讀着這裏所摘錄的幾段，只要拿俄國來代替法國，拿莫斯科來代替巴黎，我們就發見了列寧與托洛斯基底革命策略底來源之一。馬克思在1848

(註) 按 Kalmucks 為住於中國西部, 西伯利亞西部及俄國東南部的蒙古人種, 這裏所謂西方喀爾木克, 意即指普魯士人。

和1849年所寫的一些文章供給了布爾塞維克許多策略。

官廳底檢查，報館底訟累，以及革命底低落，翦斷了還存在不到一年的這個報紙底"生命的線"。馬克思犧牲了他所有的一切，金錢以及有價值的東西——總計有七千泰來耳(Thaler)——來賠償債主，並支付投稿者與印刷者。他然後旅行到巴黎去，他在那裏所目擊的，不是赤色共和國底勝利，只是反革命底勝利。1849年七月他被法國政府放逐到布列坦尼(Brittany)底摩爾比寒(Morbihan)底卑濕的鄉村；但是，他寧願到倫敦去，在那裏他一直住到終身。

4. 倫敦旅況

馬克思在倫敦住了三十多年。這其間有一半的時間是浪費在不幸的生活的扎掙中，但這樣的艱苦生活并不能阻止他蒐集廣博的材料，綜合完成他底畢生鉅著"資本論"，也不能阻止他在有機會的時候，斷然決然地參加勞動運動，如建立"國際"一類的事。最初的十年特別困苦。馬克思底夫人在1851年五月二十日寫給在美國的威登米耶爾(Weydemeyer)的一封信，把他們在這最初十年放逐生活中的貧困狀況，給了一幅動人的描畫。——（第二十五年的"新時代"第二卷第18——21頁。）

以"新萊茵評論"(Neue Rheinische Revue)的名目繼續"新萊茵報"的企圖，僅僅得着耗竭了馬克思底最後資力的消極結果。馬克思窮困到甚麼程度，可由這一事實推知：爲要買紙去寫他底"哥隆共產主義者的審判記"這本小冊子（1852年末），他不得不把他底最後的一件外衣送到當舖裏去。在這一切底頂點，又在德國的亡命者中發生了極可悲傷的紛歧，那些亡命者，惑於他們底革命的幻想，彼此以互控相壓服；這些衝突底回聲在"佛格特先生"（"Herr Vogt"——1860年）這本小冊子中聽到了。從1851——60年，馬克思底經常進款底惟一來源就是他做"紐約評壇"(New York Tribune)底通信記者所得的報酬,該報給他的報酬是,每一篇文章給一金鎊(a sovereign),這還不夠他付房租,買報,貼郵費之用。然而他底文章每篇都是切合實際的論說,是他費了很多的光陰所蒐求研究的果實。他雖在窘迫之中,而要寫一篇"社會主義的政治經濟學批評"的觀念,常在他底內心中燃燒着。差不多可以說,自1845年以來,這個觀念沒有使他一時一刻忘掉過,平靜過。夬里里格拉斯底幾行詩,不啻爲他寫照:

　　他所懸的目的高在雲霄!
　　他所度的生活陷在泥沼,
　　每日只許有僅足自存的生活。
　　四面爲窮魘所緊逼,
　　到處爲貧困所夾擊,
　　他雖則撙節復撙節,
　　然仍爲急需所鞭笞。

狂風暴雨的年代與命運底變遷

只在六十年代,他底命運纔改進了一點。一個家庭的小注遺產,卽烏爾夫底八百多鎊的遺贈,以及恩格爾思從1869年起以往每年三百五十鎊的豐富的經常的幫助,使馬克思能夠擺脫一切,寫他底"資本論","資本論"第一卷,大家都曉得的,是獻給威爾海爾姆‧烏爾夫的。

拉法格(Paul Lafargue)所寫的關於他與馬克思家庭交際的囘憶錄(第九年的"新時代"第一卷,第10——17,37——42頁),是屬於這個比較快樂的時期的。他特別地描畫這位"資本論"底著者底人格。馬克思在他底家庭中,以及星期日晚上在他底朋友中,總是一個藹然可親的伴侶,妙語解頤,談笑風生。"他底暗黑色的眼睛閃放着愉快的火花,但無論何時聽到一種諧謔的詞鋒或便捷的慧辯,則又滿含着一種玩弄諷刺的神情。"他是一位慈愛寬大的父親,從未使用過父親的威權,他底夫人是他底最好的臂助,眞摯的伴侶。她比他年長四歲,雖然她是貴族出身,雖然她是在絕大的困頓與迫害中,要伴着她底丈夫含辛茹苦許多年,然她絕不曾有絲毫悔憾,悔憾把她底命運與馬克思底命運連繫着。她底性格,光明怡怡,和易近人,極易赢得她底丈夫底每個朋友,每個弟子底敬重。"海恩利希·海湟,一位無情的諷刺作家,畏懼馬克思底嘲笑;但他對於馬克思夫人底銳敏警悟的精神却懷着莫大的欽羡。馬克思對其夫人底聰明材力與批評意識估量極高,他在1866年曾告訴我,說他把他底一切手稿都交給她看過,并說他對於她底批評非常尊重。"他們共生過六個孩子,四個女兒,兩個男孩,六個孩子中只有三個長成人了——小燕妮,是與查理士·朗基德(Charles Longuet)結婚的;洛娜(Laura),是保羅·拉發格底夫人;不幸的但天才很高的伊林娜爾(Eleanor),她伴着愛德華·亞威林博士(Dr. Edward Aveling)度過了十四年底憂苦生活。

六十年代無疑地是馬克思生平最幸福的年

代，似乎在他底晚年將有一次豐富的收穫。但他底健康開始衰敗了，不許他完成他底工作。馬克思生平最生產的幾年是1837年與1847年之間，及1857年與1871年之間。所有他底有價值的工作，都是在這幾十年中產生的："哲學底貧困"，"共產黨宣言"，他在國際運動中的活動，"資本論"，"法蘭西內亂"（公社）。

5. "國 際"

為他底大著"資本論"所必需的經濟的研究，引導着馬克思又進而研究十八十九兩世紀底英國社會史，這使他對於那時代底工人階級運動能夠得着一種深刻的觀察，像這樣的深刻觀察只有很少數的學者，英國的或外國的，纔能得着。他漸漸熟識了工人階級革命運動，尤其是大憲運動底思想方式和表現方式，大憲運動底還在生存着的領袖和信徒，他也親身與之相結識。因為熱烈地要得着工人階級實際運動底智識，並熱烈地想參加工人階級的實際運動，他就注意地守望着英國工人階級底活動，英國工人階級，在五十年代時，大半是為純粹的工會主義的問題所佔據，那時這些問題，在政治上，還是在自由黨底陣營。但是，約在六十年代開始的時候，一種變化似乎迫近了。倫敦勞動黨底領袖們開始思想着一種議會的改革運動，思想着煽起一種普遍選舉運動，普遍選舉原是一種舊大憲派底要求。他們對於波蘭底命運，對於其他國際問題如關於自由的，一樣地表示着關切。

在1862年在倫敦所舉行的國際展覽會 (International Exhibition) 上，勞動黨底領袖們認識了法國工人代表，以後他們就常常與之通信。1863年與1864年，在通信中間，建立一個國際工人聯合的觀念就被討論着了；1864年九月底最後一星期，這種觀念得着了實際效果。巴黎倫敦底勞動代表在倫敦舉行了一個會議，從九月二十五日起，到二十八日止，二十八日晚上，集合在聖馬丁大廳 (St. Martin's Hall)，公共慶祝這一事件，馬克思也被束請到會,算是代表德國工人的。這次的會議和慶祝底結果卽是組織一個"國際工人協會"(International Working Men's Association)。選舉了幾個委員和副委員去起草宣言原則並草擬組織大綱。一個瑪志尼(Mazzini)底信徒和一個法國人提出了他們底草案,這草案交給了馬克思由他去整理修改。他把這草案送到廢紙簍裏去了,另寫了一篇"開幕演詞"("Inaugural Address"),把自1825年以來英國工人底歷史寫了出來,並推論出牠底必然的結果。這篇宣言完全是馬克思底作品,而且絕不是一篇狡猾地,外交式地想像出來,企圖去討英法工人底歡喜的文章;牠是很精粹地包含着馬克思的觀念,把這種觀念明白地表現出來,訴諸那時代的英國工人。馬克思寫給恩格爾思說("通信錄"第三卷,第191頁):"要把材料這樣地配置着:把我們底意見以一種如現在形勢的工人階級運動所能接受的形式發表出來:這眞是很困難的……還須要等好多時候,這復興的運動纔能允許那舊的勇敢激烈的詞句。我們必須堅決地以一種慰悅的體裁保持我們底主要原則,向前進行。"

這一篇"開幕演詞"總括從1825年到1864年底英國工人階級史,而指出無產階級從其鬥爭上——實際就是從近代一般社會史上——所可學得的教訓:工人階級底獨立的經濟的和政治的行動;無產階級要利用統治階級被強迫着所施行的改良;在社會主義革命中的工人底國際合作,並反抗祕密的,武力的外交。

馬克思在1865年到1871年之間把他底大部分時間都用在"國際"。"國際"底進步激起了他底莫大希望。1867年時,他寫信給恩格爾思說:"事情是活躍地進行着。在下一次的革命中——這下一次的革命,實際上比表面上,或者更臨近些了——我們(就是說,你同我)我們將有這一架有力量的機器'在我們底手中'了。"——("馬克思與恩格爾思底通信錄"第三卷,第406頁。)

"國際"經過了三個階段:從1865年到1867年

蒲魯東派佔大勢力；從1868年到1870年，馬克思主義大有旭日東升之勢；從1871年到牠底解體，是被巴枯甯派把持着，最後也是被這一部所破壞。蒲魯東底門徒，也如巴枯甯底信徒一樣，反對政治運動，而贊成"社會組織之聯合的經濟形式"（Federative economic form of social organization），不過巴枯甯派也是共產主義者，而蒲魯東派則與共產主義如水火不相容。兩派所共同同意於馬克思的只是這一點——就是，他拿經濟學做工人階級運動底基礎。但兩派也都責備他，說他是"狄克推多"，說他企圖把"國際"底一切權力集中在他底手上。除了不可化解的理論上的差異以外，種族的和國家的偏見也爬進到"國際"中來，成了分裂的要素。拉丁派的與俄羅斯的無政府主義者都把馬克思視爲一個"大日耳曼主義者"（Pan-German），反之，有些馬克思派也視巴枯甯爲一個"大斯拉夫主義者"（Pan-Slav）。甚至到1914年，世界大戰底前幾個月，基羅梅教授（Professor James Guillaume），巴枯寧派最後的一個，還寫了一本小册子，題做"卡爾·馬克思，大日耳曼主義者"("Karl Marx, Pangermaniste"——巴黎出版)。

邁克爾·巴枯寧(Michael Bakunin——1814年生於俄國特威爾·——Twer 附近，1876年死於瑞士底百倫——Berne)在四十年代時，住在德國讀書。1848年同1849年，他參加革命，被捕，旋被引渡給俄國，放逐到西伯利亞，1856年，他又從西伯利亞脫逃，以後卽流寓於西歐各國。他是一個凡庸的理論者，對哲學的無政府主義底內容沒有甚麼貢獻，只是以他底廣大的革命活動和犧牲精神著稱於世。他所轟動的影響是從他底人格發生出來的。他自從四十年代初，卽結識了少年黑格爾派，以及馬克思，恩格爾思，烏爾夫等。直至1868年末，他還承認馬克思是他底理智上的導師，這可從下面他所寫給馬克思的信證明：

"123, Montbrillant, 日內瓦，

"12月,22日,1868

"塞諾(Serno)把你底信中關於我的一段給我看了。你問他是不是我還做你的朋友。是的，比向來還要真摯些，我底親愛的馬克思，因為我現在比往日更瞭解你是怎樣地十分正確，當你沿着經濟革命底大道前進，且邀我們跟你一路前進的時候，當你把那些徬徨於國家的或絕對政治的事業底側路上的人們放置在我們之下的時候。我現在正是做着你二十多年以來所曾做的這同樣的事。自從我莊嚴地，公開地離開了百倫會議(Berne Congress)底資產階級以後，除了工人世界以外，不復知有任何其他團體，任何其他環境。自今以往，我底祖國就是'國際'，你就是這'國際'底一個最偉大最高尚的創造者。你看，我底親愛的朋友，我是你底門人——我做了你底門人，我覺得非常榮幸。這可以很清楚地表示我對於你的態度和感情了。"——(第十九年的"新時代"第一卷第六頁。)

然而這種師生關係不能阻制巴枯寧祕密地形

成一種另外的組織，促致"國際"底破裂。雖然"國際"只是一種訓練"社會主義軍官"（Socialist officers）的學校，這樣的軍官還必須創造他們自己底軍隊，但牠所成功的比馬克思自己所預期的還要大些。馬克思主義底根本原則要驅除一切其他要在工人運動中使自己獨自顯著的社會革命派別。

6. 巴黎公社

雖然鬥爭在"國際"內部進行着，而事變也在外面湧起着，這些事變驅迫着"國際工人協會"厲兵秣馬，驅迫着無產階級聯合他們底一切勢力。

巴塞爾會議（Basle Congress——1869 年九月）之後的一次會議，本是決定於1870年九月在德國舉行的。但這一次的會議終於沒有召集。巴塞爾會議後，政治空氣日漸險惡，戰爭有隨時暴發的形勢。俾士馬克，世界歷史上一個最狡獪的政治家，很巧妙地欺騙了他底以前的老師，拿破侖。他把德國底戰爭完全準備好了之後，就這樣來轉變

狂風暴雨的年代與命運底變遷　125

局勢：使在全世界底眼光中看來，只有法蘭西是惟一的侵略者。

當戰爭實際暴發了的時候（1870年七月十九日），好像"突如其來"似的。法國工人或德國工人都覺得他們自己不能制止這一次的戰爭。在宣戰後數日（七月二十三日），國際總委員會發表了由馬克思所起草的宣言。

這宣言開始從"國際"底"開幕宣言"引證了一句，責備

"追求罪惡計劃的對外政策，是挑撥民族的偏見，在強盜似的戰爭中濫費民衆底鮮血和財富。"

接着就痛切地攻訐拿破侖。馬克思精密地描寫出拿破侖之反對"國際"的爭鬥，這種爭鬥，在法國國際主義者擴大了他們反對拿破侖的猛烈煽動底範圍之後，一天一天更加急劇。馬克思又說，無論那一邊勝利，第二帝國底最後喪鐘已經響了。帝

國底結局與其開始一樣,將是一篇游戲文章。

但是僅僅拿破侖是罪惡嗎?一點也不是。我們必須記着,歐洲各國政府,各統治階級已經有十八年了幫着波奈巴特演那改造帝國的喜劇。

馬克思,他自身是一個德國人,嚴厲地攻擊他自己的國家。從德國人的觀點看來,這是一種防禦戰爭。但是誰把德國放置到一種需要防禦的地位呢?是誰引誘着拿破侖去攻擊德國呢?普魯士!她曾與拿破侖訂立反對奧大利的協定。假若普魯士打敗了,法蘭西將挾着法國兵士湧入德國。但普魯士自己曾做了一些甚麼事呢,在她戰勝了奧大利以後?她不是以解放了的德國反對奴隸着的法國,她不僅保存了舊普魯士統治底一切魔力,而且甚至把波奈把特統治底一切特徵都移植於舊普魯士底統治。

戰爭底第一決定形勢非常迅速地終止了。法國軍隊證明了是完全沒有準備。法國陸軍總長底大言不慚的宣言,說一切都準備好了,甚至準備到

狂風暴雨的年代與命運底變遷

最後的一顆鈕扣，然而事實證明適得其反：假若真地有鈕扣，沒有一點東西可供這些鈕扣附著於其上。約在六個星期中，法國常備軍被打敗了。九月二日，拿破侖已經放棄了他自己并放棄了瑟丹底大礮壘。九月四日，共和國在巴黎宣告成立。雖然普魯士宣言她是與帝國戰爭，然而戰爭仍然繼續着。戰爭遂進到第二期，更延長而更頑強的形勢。

接着法蘭西共和國底宣告成立，國際總會發表了關於戰爭的第二次宣言（1870年九月九日）。這個宣言也是馬克思起草的，這個宣言，由其歷史時代底深刻分析，及其眞實的預言的識見，表現了馬克思底最生動的，最富於靈感的著作之一。

我們現在可以記起，馬克思甚至在第一次宣言中卽已經預言，這次的戰爭要引起第二帝國底崩潰。第二次宣言開始卽提到這個先見。他以前對於普魯士對外政策所下的批評現在還是一樣的正確。所謂防禦戰爭轉變成為一種對法國民衆的戰爭。遠在瑟丹底陷落與拿破侖底捕虜之前，波奈巴特底軍隊之不足信的解體一經成爲週知的事實的時候，普魯士底軍事參謀部立卽宣布牠贊成征服政策。馬克思暴露自由主義的日耳曼資產階級底僞善行爲。像一個軍事專家似的恩格爾思，曾精細地不倦地追跡着戰爭底發展，並預言了瑟丹底陷落，馬克思利用由恩格爾思所供給的智識，暴露那由俾士馬克及普魯士將軍們爲證明倂吞亞爾薩斯洛林之正當而主張的謬誤的武力論證。

他反對任何倂吞或賠款，而極力申說，這樣一種武裝和平將要引起另一種戰爭。法國將要奪回其所失去的領地，而且要力圖與俄羅斯結爲同盟。在克里米亞戰爭 (CrimeanWar) 之後失掉霸權的沙皇俄羅斯將又會成爲歐洲命運底仲裁者。這種靈感似的豫言，這種爲歐洲歷史所要探取的方向底先見，是唯物史觀底實質的眞理之明著的實際的證據。牠以如次的話結論云：

"條頓的愛國者眞地相信，迫迫法蘭西投入到俄羅斯底懷中,就可對日耳曼保證自由與和平嗎?假若她底武力底幸運,成功底驕傲,以及王朝底陰謀引致日耳曼完成法蘭西底解體,則她將只有兩條路可走。她必然要冒着一切危險成為自承的俄羅斯擴大底工具,或者,在一種短期猶豫之後,再準備另一種的'防禦'戰爭,不是一種新生的'地方的'戰爭,而是一種'民族戰爭'——一種聯合的斯拉夫民族與羅馬民族的戰爭。"

我們同時代的日耳曼愛國者被命運注定了看見這個豫言字字皆真直到最後一字。

"宣言"結論解釋了那時排在工人階級面前的一些實際問題。德國工人被迫促着要求一種光榮的和平與法蘭西共和國底承認。法國工人,他們處在更困難的境地,被忠告着要謹慎地隄防資產階級的共和主義者,要為迅速發展其階級組織與完成其解放的目的而利用共和國。

當前的事實充分地證明了馬克思之不信任法國共和主義者是完全正確的。他們底下賤的行為,寧願準備與俾士馬克訂立一種協定而不願對工人階級有絲毫讓步，激起了巴黎公社（1871年三月十八到五月二十九日）。在一種持續了三個月的英勇鬥爭之後，在不順利的情勢之下的無產階級專政底第一次試驗終於失敗了。總委員會不能給法國人以必要的援助。法德軍隊圍困着巴黎，隔絕了牠底外面的一切關係。公社實際上是激發了世界的同情。甚至在篤遠的俄羅斯也有了革命的迴聲。

在公社底存在期間，馬克思極力保持與在巴黎的國際黨員的連絡。在公社失敗後不幾天，馬克思應總委員會底要求寫了那著名的宣言（註）。他又進而防衛那些為全部資產階級報紙所誣衊誹謗的巴黎公社黨員。他指示出來：巴黎公社是在無產階級運動發展中的一個偉大的進步；牠是擔負實

(註)這1871年五月三十日第一次發表的宣言，以後又

以"法蘭西內戰"("The Civil War in France")

題名刊印單行本。

现共产主义任务的无产阶级国家底一种范本。许久以前，由1848年革命经验底结果，马克思卽已断言，工人阶级取得政权以后，不能是单简地掌握资产阶级的国家这一个工具，而是首先必须去毁坏那为资产阶级所盘踞的官僚机关及其所指挥的警察势力。公社底经验证明了他底信念是正确的。牠证明了无产阶级夺取政权以后必须要创造适合于其自己所需要的无产阶级的国家机关。公社底这同此经验也证明了无产阶级国家不能仅在中心城市底范围内存在。无产阶级底政权必须拥有全国，纔能有机会日渐强固起来；必须扫荡一切资本主义国家，纔能保证最后的胜利。

7. 生命底黄昏

马克思在其生命底最后二十年中，差不多不断地总是在与他底各种各样的身体的病痛相奋斗，这种病痛底起源是由于慢性的肝脏病以及过度的努力。他底著作——为此著作，如他写给一个美國朋友的信所說,曾經犧牲了牠底"健康,幸福與家庭"——尚留而未完。他把他所有的一點閑暇時間,專用於研究美國底農業以及俄國底鄉村狀況,為研究俄國底鄉村狀況起見,他還學習了俄文;他也用了很多的工夫研究股票交易,銀行,地質學,生理學,以及高等數學。1875年時,他寫成了他底"哥達綱領批評"("Criticism of Gotha Program")——(第九年的"新時代"第一卷第十八期)——這個"批評"包含了一些非常重要的材料,如關於馬克思對於國家,對於從資本主義到社會主義的革命的過渡時代,以及對於社會主義社會自身等等的態度。

他為恢復他底健康,移居到喀耳斯巴特(Karlsbad)。1877年與1878年,他略能進行他底著作了,即開始整理他底手稿,準備"資本論"第二卷拿去付印;但馬上覺得他底工作能力不行了。他底身體或精神底衰頹不復能制止了;甚至到法國與阿爾及利亞(Algeria)底海水浴場去游覽都不能成

狂風暴雨的年代與命運底變遷

行了。恰是在這個時候，馬克思纔開始在法英兩國被人認識：基斯德（Jules Guesde），新德滿（Henry M. Hyndman），巴克斯（Belfort Bax）開始傳播馬克思底學說，馬克思派與反馬克思派也都形成起來了。但是這個人，在被大家所認識的時候，已經是來到遲暮了。那時他已患着氣管支炎（Bronchial Catarrh），肺炎，喘息等症，加以他底夫人又於1881年十二月二日逝世，他底長女（朗基德夫人）於1883年一月死去，這種種不幸給了他底衰弱身軀一個最後的打擊。1883年三月十四日，馬克思呼吸了他底最後的一呼吸。恩格爾思在1883年三月十五日寫給他底美國朋友索極（Sorge）的信中，記這最後一剎那的情形如下：

"昨日下午兩點半鐘恰是去會他的時候，我走下去看他；個兩人都含着眼淚；看來好像是最後的時刻已經到來了。我就去探問，想試探眞實情形，並想給一點安慰。他們說，稍稍有點出血，突然加劇了。我們底善良的老林娜（Lena），她服侍他比母親照料孩子還要慇懃，走上去，又走下來。她說，他已經半睡着了；我可以上去了。我們走進去了，他躺在那裏，睡着了，再也未醒過來。脈搏與呼吸都停止了。在這兩分鐘內，他悠然平和地永遠眠息下去了……人類失去了一個領袖，實在的，失去了一個牠今日所有的最偉大最主要的領袖。自然，工人階級運動仍然要繼續牠底行程，但牠底中心——這個中心，法人，俄人，美人，德人，每在緊要的時機，自願地轉向牠，常常能從牠得着清楚明瞭的意見，這種意見是只有學識策備的天才總能給與的——這個中心現在是失去了。"

三月十七日，星期六，他被安葬於倫敦底"高門公墓"（Highgate Cemetary）。在墓旁演講的人有恩格爾思與李卜克奈西（Wilhelm Liebknecht）。恩格爾思簡單地敍述了一點他底革命鬥爭底生活，他說：

"正如達爾文發現了有機自然界底進化規律一樣，馬克思是發現了人類歷史底進化規律——這一簡單的事實，自今以前卻被隱藏在意識形態的障壁之下，就是說，人們在能委身於政治，科學，藝術，宗敎，或任何其他事件之前，最要緊的是飲，食，衣，住，所以，物質生活必需品底生產，以及一民族或一時代底經濟進化底適應階段，供給了該民族底國家制度，法律體系，文學藝術，甚至宗敎觀念都在其上建立的基礎，而且這些東西也必須根據這個基礎去解釋，這一進行程序，自今以前恰是採用的牠底相反的一面。馬克思也爲近代資本主義的生產方式，幷爲由牠所產生出來的資產階級社會發現了特殊的'動底規律'（Law of Motion）。自從他發現了剩餘價值，一種光明遂卽放射到一個主題上，這一主題底研究，自今以前，無論是資產階級的經濟學者也好，無論是社會主義的批評者也好，都是在暗中摸索著的……"

繼他之後演講的是李卜克奈西，他是匆遽地

從德國來向他底朋友而兼師長致最後的敬禮：

"這死者，他底死是為我們大家所同聲哀悼的，所以成為偉大的，是由於他底愛和他底恨。他底恨是從他底愛中生出來的。他有一個偉大的心，猶如他有一種偉大的智識一樣。他曾經把社會民主黨從一個小組，一個派別，提高到成一個黨，這個黨現在已經奮鬥到不復可以被戰勝了，而且將來還要贏得最後的勝利。"

恩格爾思，他比馬克思多活了十二年，編輯了"資本論"底最後兩卷，而卡爾·考茨基（Karl Kautsky），恩格爾思底繼承者，馬克思學說底真正的祖述者，則編輯了三卷馬克思底關於剩餘價值的歷史研究。這後一部著作可以說是一部偉大的政治經濟學史。

IV

馬克思主義體系

1. 唯物史觀

自從1843——4年以往，馬克思卽運用"[唯物史]觀",或"研究底方法",到他底研究中做一個指導，這種歷史觀——針對着黑格爾底"唯心的歷史觀"(Idealist Conception of History)——就叫做"唯物的歷史觀"或"唯物史觀"(Materialistic Conception of History)。因為唯物史觀底性質是辯證法的——如牠在思想上極力要把握社會進步底展開着的矛盾——所以牠也如黑格爾底辯證法一樣,是一種歷史觀,同時又是一種研究法。馬克思不曾在甚麼地方以一種特殊的鴻博的形式著出他底研究法;而這種研究法底種子,則遍佈在他底著作中,尤其是在"共產黨宣言"以及"哲學底貧困"中,不但如此,且常供作論戰或實證之用。只在他底"政治經濟學批評"(1859年)一書底序言中,他用了兩頁篇幅把他底歷史觀給了一個概要。馬克思有意著一部書專論邏輯,想在這部書中把他底唯物論的辯證法清清楚楚地表述出來。但這部書旣未寫出,而他底關於這一題旨的根本觀念又隨在可以引證,所以我們也能夠抽出他底論點底菁華來。

稍稍觀察一下人類歷史,就很夠使我們曉得:從一時代到一時代,人們對於法律,風習,宗教,國家,哲學,商業,工業,土地保有等等各種各樣的意見,都是各是其是,各非其非;他們有各種各樣的經濟階段,各種各樣的國家形式,社會形式;他們經歷着不斷的鬥爭，戰爭與移殖。人類思想和行動底這種繁複種類是怎樣來的呢？馬克思提出這個問題，就他自己說，目的不重在要發現思想底起源，法律底起源，宗教底起源，社會底起源，工商業底起源等等；他把這些東西都是當作是在歷史過程中產生的。他所關切的，寧是要去找出那產生精神現象和社會現象底本質變革和形式變革的原因，衝動和總動力，或創造這些傾向的原因，衝動和總動力。簡言之：馬克思所注意的，不是事物底"起源"，而是事物底發展和變化——他是在搜求"歷史底動律"(Dynamic Law of History)。

馬克思答覆道：引起人類意識和思想底變化的人類社會底主要動力，或使各種社會制度和衝突發生起來的人類社會底主要動力，第一不是起源於思想，觀念，世界理性或宇宙精神，而是起源於物質的生活條件。所以，人類歷史底基礎是物質。物質的生活條件——就是說，為一種"社會存在"(Social beings)的人類，藉着週遭的自然界底助力，並藉着他們自己底內在的"物質質量"(Physical Quality)和"精神質量"(Intellectual Quality)底助力，在其中形成他們底物質生活的一種形態——這種物質的生活條件供給他們底生活資料，而且生產，分配幷交換那些滿足他們底需要的必要的貨財。

在物質生活條件底一切範疇中的最重要的範疇是生活必需品底生產。這是由生產力底性質來決定的。生產力有兩種：無生的和人的。無生的生產力（Inanimate productive forces）是：水，土壤，氣候，原料，工具，機器。人的生產力（Personal productive forces)是：勞動者，發明者，發現者，工程師，最後，是人種底質量——即特殊集體的人們底遺傳的工作能力。

在生產力中的第一地位是屬於手工勞動者和精神勞動者；他們是資本主義社會中的交換價值底眞實創造者。次要地位要歸於近代的工藝學，這是社會中一個顯著的革命勢力。——（德文本

"資本論"第一卷,第一,十二,十三,十四章,"哲學底貧困"德文本,1885年的,第100——101頁。)

"生產力"這一概念,在馬克思底學說中佔極重要的地位,這已經講過了。現在再講到一個相等重要的概念,"生產條件"("Conditions of Production)。馬克思底這個名詞,是指法律形式和國家形式,法令和法例,以及各種社會階級層和黨派:就是指支配財產和決定那生產在其中進行著的相互的人類關係等等的社會條件。生產條件卽人們在社會中的勞動。正如人們由自然界所給予的物質和力量生產出各種各樣的物質的財貨一樣,他們也由生產力之在精神上的反應創造了一定的社會的,政治的,法律的制度,以及宗教的,道德的哲學的體系。

"人們創造他們自己底歷史,但不是恰如他們所歡喜的那樣去創造的。他們不能為自己選擇環境,只能在如他們所遭遇的環境上去工作,只能塑製那由過去所遺留下來的材料。"——(馬克思,

"霧月十八"第一章。）

　　這就是說，人們在生產勞動及其需要底影響之下建築他們底社會形式，他們底國家，他們底宗教，他們底哲學和科學。物質生產是下層築物或基礎，而與之相適應的政治的，宗教的，哲學的體系，是上層築物。上層築物只有這樣適應着基礎，牠纔有力量，纔能促進牠底發展。

　　這基礎是物質，上層築物是精神的反映與精神的活動。

　　廣闊一點說，這個概念可舉證如下：

　　原始人類部落，是生活在共產制度之下，照着血統關係組織起來的。他們底神都具有他們底自然環境底特徵，這是把這一環境底物質結果反映到"野蠻人"底原始精神生活；他們底宗教，他們底道德，以及他們底法律，都是增進公社的生活與部落的紀律的。封建社會是立基在貴族佔有土地制之上，立基在城市組合底工業勞動之上的。傳統的宗教觀念也立卽照着這些歷史時代底統治利益而轉化了（原始基督教成爲一種國家宗教）；一切與這些利益相對抗的宗教觀念，倫理觀念，哲學觀念，都要受打擊，被迫害。資產階級，牠是立基在個人財產上面的，努力掃除一切公社權利與組合權利底遺跡，解放個人，動員勞動和財產，消滅封建制度，舊教會，修道院，而代以人與上帝之間的個人關係，或個人良心（宗教改革），提倡個人權利；牠對封建統治底獨立君權鬥爭，爲統一國家領土宣勞，這種統一的國家領土可以爲工商業供給更廣大的活動範圍；牠在專制主義尙與封建領主有衝突的時候，擁護專制主義；但到後來當專制主義妨礙着資產階級社會發展的時候，牠又對專制主義鬥爭，而要求一種君主立憲或共和國。所有這些事情底發生，不是因爲某種人類的智慧，或深刻的思想，或開明的教化，或超自然力底祈願在起着主要的作用，而是一種物質基礎，社會底經濟基礎影響到精神的結果，這種精神把這些"外在的現實"(External realities)"翻譯"並轉化爲宗教的，

法律的,哲學的概念:

"不是人們底意識決定他們底存在,而恰恰相反,是他們底社會存在決定他們底意識。"——(馬克思,"政治經濟學批評"序言。)

人,就是最英雄的,也不是社會生活底至高創造者,立法者,不過是牠底執行者;他僅僅把那為社會底物質基礎所建立起來的趨勢與潮流展開來而已。不過很多地方要依賴執行者底努力。假若他們有廣博的學識,精幹的性質,特出的材能,他們是能夠在為他們所畫的範圍中完成偉大的事業,並加速社會底發展。

"直到現在,哲學家僅僅解釋了世界;然而必要的,是要改變世界。"——(馬克思,"費爾巴赫論綱"。)

我們曾在好幾處提及到"利益"。我們不要把牠理解為個人利益,應當把牠理解為一般的社會利益或階級利益。馬克思底意思不是要人人都依照個人的幸福去行動。這不是馬克思的學說,這只是資產階級的道德哲學家，如愛爾法修（Helvetius——1715——1771年），邊沁（Jeremy Bentham——1748——1832）等底學說，他們是把個人底苦樂看做個人底品行和行為底標準和動機。馬克思則是這樣的意見：人們，在其生活底最重要的事件中，常常反着他們底個人利益去行動，因為在其感情與思想中，他們是要使自己與他們所認為是公共利益或者是他們底階級利益相一致的。照馬克思說，個人利益之在歷史中通常只佔着極低微的地位。他是堅執着社會生產底集團利益的。他認為只有社會生產底集團利益纔是構成精神的上層築物底決定分子。

直到現在，我們還僅只講到生產和社會底各種形式，及與牠們相適應的精神體系。但我們還不曉得"為甚麼"和"怎樣"某種生產形式和某種社會形式漸漸地被廢棄了，而產生一種別樣的形式，就是說，"怎樣"和"為甚麼"引起了革命的變化。或者，換言之，就是：我們以前只研究了"社會底靜力學"

(Statics of Society)；現在我們要看看"社會底動力學"(Dynamics of Society)了。

　　社會中的革命變化依賴於兩羣現象，這兩羣現象，雖然在因果關係上是彼此聯繫着的，而作用則不相同。這兩羣現象，一羣是"技術的"，成於生產力底變化。其他一羣，即第一羣底結果，是"人的性質的"，成於社會階級間的鬥爭。我們先來研究第一羣底原因。

　　當生產力，因工人方面底更進步的技術，因新原料與新市場底發現，因新勞動過程，新工具，新機器底發明，因商業與交換底更好的組織……而擴張了，因而社會底物質基礎或經濟基礎改變了的時候，舊的生產條件就不能促進生產利益了。因爲這舊的生產條件：以前的社會階級，以前的法律，國家制度，精神體系等等，只適合於正在消滅過程中的或不復能存在了的生產力狀態。社會的和精神的上層築物不復能適應於經濟基礎了。"生產力"與"生產條件"之間於是發生了矛盾。

这种在新的現實與舊的形式之間的矛盾，在新的原因與過去了的原因底被廢棄了的結果之間的矛盾，漸漸開始影響到人們底思想。人們開始感覺得他們面對着了一種新的外在世界，感覺得一種新的時代已經開始了。

社會的劃分得着了一種新的意義：以前被蔑視的階級與黨派，現在獲得了社會的與經濟的權力；以前被尊視的階級，現在沒落了。當這種社會基礎底轉變正在進行的時候，舊的宗教的，法律的，哲學的，政治的體系仍然要牢守着牠們底傳統地位，堅執着要維持原狀，雖然牠們已經是落伍了，不復能滿足精神的需要了。因爲人類的思想是保守的：牠追隨外界的事變來得很遲緩，正如我們底眼睛只是在實際上太陽已經過去了的那一點上纔感覺到太陽，因爲光綫需要幾分鐘的時間纔能達入我們底視神經。我們可以囘憶黑格爾底美妙的譬喻·"敏奈爾娃底夜梟僅在薄暮到來的時候，纔開始牠底飛翔。"然雖遲緩，也總算開始了。

偉大的思想家漸漸起來了，他們解釋這新局勢，創造適應這新局勢的新觀念和新思想。人類的意識產生了煩悶的懷疑與辨難，隨後就產生了新的眞理，這新的眞理就引起了不同的意見，爭辯，奮鬥，分派，階級鬥爭，革命。

在下一節中，我們還要更精密地研究勞動與資本間的階級鬥爭。現在我們只看一看一般的階級鬥爭。

在原始社會中，私有財產還沒有，或是還未發展，因而也就沒有階級的區別，沒有階級的統治，沒有階級的對抗。會長，醫生，法官管理着或監督着人民們遵守風俗習慣，宗教儀式，以及社會秩序。但一到由與其他民族交易或由與其他民族戰爭而舊制度解體，私有財產漸次發展起來的時候，於是就發生了"佔有階級"與"被佔有階級"。佔有階級（Possessing Class）專擅政治，制定法律，創立制度，凡此目的皆在保護佔有階級與統治階級底利益。階級社會底精神組織也是適應佔有者和統治者底利益的。在這些利益還能稍稍增進共同利益的時候，在舊生產形式與舊生產條件還能略略相互調協的時候，某種短時期的和平還能在階級之間維繫着。但一到這種狀態破裂了，就是在生產力與生產條件之間發生了顯著的矛盾的時候，生產條件不復能滿足被壓迫階級，階級的衝突就要發生，衝突的結果，或是合法的妥協（改良），或是推翻舊社會，或是建立新條件。古代歷史（希伯來，希臘，羅馬）是充滿了這些社會鬥爭；這幾個民族底偉大的法律改革，都是企圖着要建立社會和平的，但是富人與窮人，貴族與平民，奴隸與自由人，仍然繼續着他們底鬥爭直到舊世界底顛覆，這些鬥爭遺留給我們了許多偉大的智識寶藏，算是這些鬥爭底收穫。在中世紀，封建領主與商人之間，貴族與農民之間的社會鬥爭，也被激動起來了。在更近的時代，資產階級反抗獨裁政治與地主政治(Squirearchy)，最後又有無產階級起來反抗資產階級——這些階級鬥爭都是引起暴動與革命而強烈地影響到精神生活的。

　　從這些歷史的對抗與鬥爭激起了精神的和政治的對抗，這種對抗由社會集團與社會階級底領袖具體表現出來，世界歷史與此有關係的，為：對抗的宗教體系和哲學體系：婆羅希摩(Brahma)與佛陀；白爾(Baal)(註)與耶和華；民族的神與宇宙的神；異教與基督教；加特力教與清教；唯物論與唯心論；唯實論與唯名論。牠們看起來無論是怎樣抽象的，怎樣形而上學的，怎樣與實際生活，物質生產相離太遠，然而探本溯源，經過許多中間階段，終可回到這問題底社會經濟基礎底變化，回到這基礎與生產條件之間的矛盾，回到從這矛盾中所產生出來的衝突的利益之間的偉大鬥爭。彼此互爭雄長的倫理的，政治的，政治經濟的體系以及民族戰爭，國家戰爭，這些現象，都是被幾個連續的較小的中間階段把牠們與社會底真實基礎分離開來，這所謂幾個連續的較小的中間階段，如：唯

(註)Baal為古代腓尼細亞(phoenicia)人所崇拜的日神。

心的或實用的倫理問題，君主政體或共和政體底問題，寡頭政治或民主政治底問題，保護貿易或自由貿易底問題，對於經濟勢力由國家管理或任其自由活動的問題，社會主義或私有企業底問題等等，這些問題，無論牠們各自底辯護者把其論證與理想的動機推論得是怎樣的高尚，怎樣的合乎人道主義，都是與物質基礎以及已經與這基礎發生了矛盾的生產條件相聯繫着的。

馬克思與恩格爾思在"共產黨宣言"中，曾以通俗的形式發表這個概念如下：

"人類底觀念，意見，概念，總言之，人類底意識，是隨着他們底物質存在底條件，他們底社會關係以及他們底社會生活等底變化而變化；這還需要深邃的直覺纔能瞭解嗎？

"觀念底歷史除開證明：精神生產底性質底變化，是隨着物質生產底變化而變化，還能證明些甚麼呢？從來每一時代底統治觀念就是那一時代底統治階級底觀念。

"當人們講到那種使社會發生革命的'觀念'時，他們就是表示着這種事實，即：在全社會中，一種新社會底要素已經被創生了，舊觀念底解體，是同着舊生存條件底解體，保持着同等的步驟的。

"當古代世界已陷入了牠底最後苦痛的時候，古代宗教卽被基督教所克服了。當基督敎觀念在十八世紀屈服於唯理教觀念 (Rationalist ideas) 的時候，封建社會在與那時候的革命的資產階級作殊死戰。宗教自由與良心自由底觀念不過表現了自由競爭之在智識領域中的權威。"

現在更進一步說。當生產條件，社會的階級分化，以及財產法成了生產力底桎梏的時候，當利益底衝突結晶成爲階級鬥爭的時候，社會革命底時代於是就到來了。

"隨着經濟基礎底變化，全部巨大的上層築物也或急或緩地變化起來。在觀察這種變化的時候,要把兩件事劃分明白,卽:經濟的生產條件底物質的變化,這是能由自然科學底精密去決定的;另一方面是政治的,宗教的,藝術的,或哲學的——一言以蔽之,社會意識形態,人們在這形態中漸漸意識着了這種衝突而與之奮鬥到底。正如我們對於個人底意見,不是根據於他自己以爲是怎樣去判斷他,所以我們也不能由一個時代底自己的意識去判斷這樣一個轉變底時代;反之,這種意識必須要從物質生活底矛盾去解釋,從社會生產力與生產條件之間的現存的衝突去解釋。"——("政治經濟學批評"序言。)

革命時代只有當這會經充滿了矛盾的社會制度已經解放了生產力,打毀了生產力底桎梏,創造了適應這生產力的新生產條件的時候纔會終止。被命運注定了要消滅的舊社會,在牠沒落之前,就展開了新的生存條件。幫助新社會底進步的人們於是就抓住了他們所能夠解決的問題,因爲解決這些問題的手段已經在物質的發展中具備着了。這些問題提供在他們面前,是因爲,從理論的觀點看來,牠們是社會中的矛盾與革命趨勢底反映。

因此人類社會底歷史發展底本質就是生產力底連續的辯證的展開和完成。

馬克思說:"大體說來,我們可以指亞細亞的,古代的,封建的,以及近代資產階級的生產方法爲在社會底經濟構造底進步過程中的幾個時代。資產階級的生產關係是社會的生產過程底最後的對抗形式——所謂對抗,其意義不是個人的對抗,而是從圍繞着社會中各個人底生活的條件所發生起來的對抗;同時,在資產階級社會底胚胎中所發展着的生產力創造了爲解決這種對抗所必需的物質條件。所以,這種社會組織就構成了人類社會底史前階段底最後一章。"

人類社會底史前階段! 何等有重大意義的句子喲! 資本主義的經濟制度是這一階段底最後一章,這一章是在被掠奪者被剝削者底血與淚底洪流中寫成的，發展生產力，從物質的桎梏把人類解放出來而使之進入精神文化底生活中的這種任務也是要牠担負的。唯物史觀，非倫理的，非唯心的，正如一切自然科學一樣，展開了廣大的向上的前途。人類在數千年間卽在大自然中奮鬥着，要從動物界解脫出來，然又屈服於無情的自然界底紀律。及他們已經從動物界脫穎而出之後，又辛勤勞苦了幾千年，來奠定人類社會底基礎——這一過程是在嚴酷的壓迫者底"饑餓的鞭笞"之下完成的，但這一過程也很有力地激發了人類底精神能力——然而他們僅僅發現了所謂正義人道底理想只是一顆遠在天際，可望而不可卽的星子。

唯物史觀使牠自己表現爲一種收穫豐盈的歷史研究法。這一觀念底某幾種形態在馬克思之前，以及在馬克思生時卽已多少顯露出來了。階級地位底變化，緊接着英國產業革命(1760——1825)而起的種種鬥爭，以及到處伴着從農業國家進到工業國家的過渡時代而來的種種鬥爭，這些都是非常明顯,不能忽視過去的現象。只是到了馬克思,纔把這些觀念熔合起來,藉著黑格爾的辯證法底幫助把牠們變成一種研究底方法,而且把牠們運用到社會主義與歷史的探索中去。

2. 階級,階級鬥爭與階級意識

馬克思對於理解歷史過程的最重要的貢獻是他底"社會階級觀"(Conception of social classes)與"階級鬥爭觀"(Conception of class struggles)。雖然在馬克思以前,也有些歷史學家和政治家曾經指出過社會階級在政治中,在社會的變動中所佔的地位,然只有馬克思,他纔在這一概念底全領域中全意義中把捉住牠,給牠以正確形式,使牠成為政治思想與社會思想底緊要部分。他在"共產黨宣言"中論及這一題旨如下:

"社會主義與共產主義的體系,正確一點說,聖西門,傅立葉,歐文,以及其他諸人底體系早在無產階級與資產階級間的鬥爭還未發展的時代卽發生起來存在着了。固然這些體系底建立者也看見了階級的對抗,並看見了那正得勢的社會形式中的正在崩潰的分子底行動,但無產階級,因爲還在牠底幼稚時代,所以在他們看來只是一個沒有任何歷史的創造力或任何獨立的政治運動的階級。"

社會底各種階層底分類,或人類社會底階級劃分,正是一種邏輯的過程 (Logical Process),就是說,由推理作用所達到的結果,也正如動物,植物,礦物之劃分爲各種種屬部門一樣。社會存在底某種特殊階層,帶有共同特徵底印跡的,就被社會科學放入某種一定的階級。這種分類不能由直接官感感覺底純粹試驗方法來做,也不能從近代人——不論他是資本家或是工人——底外貌去決定,我們必須尋求某種科學的確定形勢來決定人們底社會分類。如我們剛纔所看見的,馬克思認"經濟事實"是基礎,他力謂只有拿"經濟的特徵"

來分類總是正確的。在他底意見，某種特定人類集體所由取得其生活資料的特定方式，總是主要的特徵。主要的生活手段是工錢的人們就形成工人階級。最重要的生活來源是佔有資本（土地，築物，工廠，原料）的人們就形成資本家階級。至於一個工人有一本儲蓄銀行帳，或是從合作社支取利息或紅利，或是一個資本家親身監督他底企業，或親身經營他底商業，使他底利潤有一部分是成於監督工資或薪俸：這都是不甚重要的事。顯著的形勢是：工人底主要利益集中在工錢上，而資本家底主要利益則集中在財產上。自然不必說，社會各階級都不是完全"同質的"。如像植物的動物的分類，可以分作"種"與"屬"；工人階級包括着報酬較優的手與腦的工人（Hand and brain workers），也包括着血汗工人；但是一切社會階級底細密劃分，都是有着相同的生活來源底共同的顯著的質量，就是說，生活來源或是體力勞動，或是佔有資本。一個階級僅僅出賣勞動力，另一階級則佔有生產手段。

馬克思說，在這兩個階級之間，有着根深蒂固的，不可渡過的對抗形勢，這種對抗形勢引起一種階級鬥爭。這種對立形勢最初就是經濟性質的。工錢勞動者，以其爲勞動力底所有者，自然要儘可能地把牠出賣貴一點，就是說，儘可能地取得最高的工錢；至於資本底所有者購買勞動力時，則要儘可能地便宜購買，就是說，儘可能地付給最少的工錢。這個對抗形勢固然是很重要的，但初視之，不能很深刻地打入到精神領域。表面上，這種對抗形勢僅僅是買者與賣者之間的一種對抗形勢，但是實際上，其間的區別却很大，因爲勞動力底售賣者，假若不把他底"商品"賣出，他馬上就要挨餓。生產手段底所有者則能夠使勞動力底售賣者去挨餓假若這勞動力底售賣者不肯接受資本家所加於他的條件。資本底佔有明顯地表示出來是一種能夠壓迫勞動力底所有者的力量。

這種對抗形勢又引起了工會底組織。牠也是階級鬥爭底主要原因，但僅有工會主義，還不過是階級鬥爭底萌芽階段。只有當工人們認識了他們底隸屬狀態不是一種暫時的狀態，而是私有資本主義經濟制度底結果，認識了假若這種經濟制度在存在着，這種隸屬狀態也要存在着，認識了這種經濟制度能夠被一種把生產手段歸於社會一切成員的經濟制度所代替：只有當這種時候，對抗形勢纔能發展成為階級鬥爭。工錢工人也只有當他們曉得以社會主義意識去思維，當對於現存社會制度的敵視情緒展開來，脫除了分散的和不相關連的工錢鬥爭以及各個工會底孤立行動，當無產階級，一種有組織的階級，從"現在底成見"(Preoccupation of the present) 轉向到"未來底任務"(Task of the future)，而努力先把社會基礎從私有財產改變為公有財產：工錢工人也只有到了這時候，纔參加階級鬥爭。工人這時候纔意識着在現存的社會中，對於他們既不能有自由，也不能有平等，意識着他們底解放只有經過社會主義纔能達到。然而階級鬥爭也可以在這些事實底認識上猝然中止。假若工人階級不把其自己底命運拿在自己底手中，不相信他們有完成自己底解放的力量，因而以微小的社會改良自足自滿，或者依賴所謂志士仁人以及英雄式的救世主，則這辯證的運動 (Dialectical (Movement) 仍然是不能完成的。在社會主義運動底開始，實際情形確係如此，那時工人們只在社會主義中看見了唯一的出路，但力量還太弱，還不能把自己底命運拿在自己底手中。這就是馬克思所稱做"烏託邦的"的時代，那時一些顯著的人物都傳佈社會主義的理想，擬製解放勞動羣衆的社會主義計劃和試驗。當這些人物曉得了羣衆底無力，他們又轉向慈善家以及人類的統治者，極力說服他們，以為理性，正義與一般幸福都要求施行社會主義，而消滅貧困，痛苦以及由牠們而來的結果。然而空想社會主義底時代終於屈服在工業底更進的發展之前，屈服在機器技術底進步之前，屈服在生產手段與交換底集中之前，這種生產手段與交換底集中又增進了工人階級底數目，力量，組織和階級意識。特別是自從生產手段與交換集中之後，工人階級愈見顯露其偉大力量，牠能使全部產業與電力廠陷於麻痺狀態，因而使整個社會都感覺到：只有這活的勞動力形成了經濟生活底重心。

同時社會主義的研究者出現了，他們不僅指出社會主義底合乎理性，合乎正義，而且提出證據，以為社會主義底新經濟制度是正在資本主義底母體內準備着，以為工人底偉大希望是與社會發展底行程相調協的。

在這方面，一種科學的，熱望的，建立在現實之上的社會主義運動從空想社會主義發展出來，而且意識着了階級，意識着了力量，意識着了目的，踏進了與資本主義經濟制度的決定的鬥爭。階級鬥爭於此的作用，像一枝社會革命底槓杆。

工人與資本家對於工錢與勞動時間的原始的對抗漸漸成為兩階級對於維持或轉變社會經濟制

度這一問題的激昂的鬥爭——一個階級爲私有財產底現存制度而奮鬥，他一階級則爲將來的社會主義制度而奮鬥。偉大的社會階級鬥爭不可避免地要成爲政治鬥爭。鬥爭底直接目的是佔有國家權力，資本家階級是藉助這種權力努力去維持牠底地位，而工人階級則志在奪取這種國家權力以完成牠底最後目的。

下一節將指出勞動運動所應取的方向。這裏我們只簡單地講一點馬克思底階級鬥爭學說在政治思想中所引起的深刻的影響。在馬克思以前，政治思想與政黨鬥爭好像只是繞着觀念與偉人打轉。意識形態與英雄崇拜最佔優越勢力。現在，政治思想，有意識地或無意識地，都是沿着階級的與經濟的路線前進。歷史的研究也同是如此。這種新的政治的與歷史的方向大半是馬克思底畢生工作底結果。

馬克思的階級鬥爭學說，嚴格地思考起來，應用起來，可以引達到社會主義與勞動運動底非常革命的策略,引達到工人會議(Workers' Councils)底制度與無產階級專政。假若這"異軍突起"的階級以及這一階級底鬥爭是構成社會革命底槓杆并構成辯證的社會過程底動力的話,則無產階級專政是非常正確的,而且,無論如何,那融合資本家與工人階級於一爐的德謨克拉西絕不能成為在從私有財產到社會主義的過渡時代的國家形式。從經濟的立場看來,政治的德謨克拉西一般地是不可能的,否則就是"冒牌的德謨克拉西"(Sham Democracy)假若經濟的不平等還是存在着的時候。"共產黨宣言"不曾包含着絲毫政治的德謨克拉西的改良色彩。這裏的結論可從馬克思底整個觀念引伸出來,就是,在他底估計,階級所站的地位比所謂德謨克拉西高得多。這是布爾塞維克主義的來源之一。

3. 勞動運動底任務與無產階級專政

勞動黨是整個工會運動底政治表現,假若這

工會運動是提出國民的要求且是一般地向着國家與社會的。勞動黨將要起更有效果的作用，完成牠所分任的任務，因為牠底基礎——工會運動——日漸確立，日漸強固，因此牠底效果也將更加宏大。工會不僅是以現在底工作為滿足，而且要成為無產階級之從社會變革過程所產生的偉大希望底焦點與重心，要為消滅資本主義而活動。為完成這一目的之最有力量的槓杆是奪取政權。無產階級藉着政權底幫助就能意識地推進化資本主義社會為共產主義社會的這一轉變。適應這一轉變，還有一個政治的過渡時代，這一過渡時代底國家形態再沒有比"無產階級底革命專政"(Revolutionary Dictatorship of the Proletariat)更適宜的了。——(馬克思1852年給德國社會民主黨的批評哥達綱領的信。)

馬克思把他自己看為是無產階級專政這一觀念底真實創作者。在1852年寫給他底美國朋友，威登米耶爾的信中，他說：

"就我個人說，我不能自矜，以為是我發現了近代社會中的各階級底存在或各階級底相互對抗的鬥爭。資產階級的歷史家許久以前即描敍過階級鬥爭底進化，政治經濟學者也指示過'各階級底經濟的生理學'(Economic Physiology of the Classes)。我只增加了以下的信條，算是一點新的貢獻：(1)階級底存在是與物質生產底一定形態相聯繫着的；(2)階級鬥爭必然要到達到無產階級專政；(3)這種專政僅是消滅一切階級而創造一個自由平等的人類社會的過渡階段。"——("新時代"第二十五卷，第二部，第一百六十四頁。)

馬克思總是堅持着他底無產階級專政底學說：他在1875年所思的正與他在1847年所做的一樣，那時他即在"共產黨宣言"中撮述出無產階級專政底基礎了：

"工人階級革命底第一步是要把無產階級提高到統治地位，戰勝民主政治。

"無產階級將用牠底政治的優勢漸漸地從資產階級奪取一切資本，集中一切生產工具在國家底手中，就是說，奪取在組織成統治階級的無產階級底手中，儘可能地能迅速地去增加生產力底總和。

"自然，在開始，除用專制手段摧毀財產權，摧毀資產階級的生產條件，這上面所說的是不能執行的；這種策略從經濟上說，似乎還有不足而且難以支持，但是這種策略，在發展底過程中，會要超越牠自己，而需要進一步地摧毀舊的社會秩序，而且不可避免地要成為一種完全變革生產方式的手段。"

但是，假定在革命中首先取得政權的不是革命的工人階級而是小資產階級底民主黨與社會改良主義者。在這種情形，馬克思給了如下的意見："從牠離開，否則，即與牠奮鬥。"在1850年對共產主義者同盟的演講中他說：

"姑且以為在這正在來臨的流血的鬥爭中，也如在以前的一些鬥爭中一樣，工人們底勇敢，果斷與犧牲是達到勝利的主要原素。那麼，在這次的鬥爭中，也如以前一樣，小資產階級羣衆要儘可能地保持一種延緩，躊躇，不動的態度，這樣，一到勝利確定了的時候，他們就可以獨擅這勝利，叫工人們安靜勿燥，囘去作工，避開所謂過火，而把無產階級從勝利之果排斥出去。工人還沒有力量來阻制小資產階級這樣做，但他們應有力量去使小資產階級戰勝武裝的無產階級陷于非常困難，應有力量去加給他們以這樣的情勢：使資產階級民主黨底統治從開始就被命運注定了要失敗，使牠被無產階級底統治所代替能夠非常便利地進行。

"工人們在鬥爭中以及剛在鬥爭後，必須儘可能地如從來一樣，反對資產階級底妥協，強迫民主黨人執行其現在的恐怖主義的威嚇。他們必須注意防制剛在勝利後的革命熱情底消失。反之，他們必須儘可能地長久保持這種革命的熱情。

"不要反對所謂過火，把那些犯衆怒的各個人或爲可憎惡的紀念所附著的公共機關，犧牲于民衆的狂怒之前,算是給他們以懲罰,這樣的懲罰不僅是可以容許的,而且指導這樣的懲罰底權力必須要奪取在自己底手中。在鬥爭中,在鬥爭後工人們必須把捉一切機會,與資產階級民主黨底要求對抗地提出其自己底要求。工人們一到資產階級民主黨企圖取得政府在手上時,必須要求保證。若必要時,必須堅決地要求這種保證,必須逼迫新統治者允許條件與讓步,這是與他們妥協的最穩妥的方法。工人們必須以深沈冷靜的態度去估量情勢,公開地表示對於新政府的不信任,儘可能地消散資產階級政府對於新事物制度的熱氣,打擊他們底隨着勝利的巷戰而來的驕憤。為對抗這新官吏政府,他們必須建立一個革命的工人政府,至於這種工人政府底形式,或是地方委員會,或是公社會議,或是工人俱樂部,或是工人委員會,這樣,則民主資產階級政府不僅馬上在工人階級中失掉了牠底擁護者,而且一開始,就使牠感覺到牠是在被一種裁判機監督着威脅着,而站在這種裁判機後面的就是全部工人階級羣衆。總而言之:從勝利底第一刹那,工人們就不必再對那失敗了的反動黨表示怨惡，而應當把這種怨惡轉向他們底以前的同盟者，這種同盟者現在極力為他們自己底目的攫奪這共同的勝利。工人們必須武裝起來，組織起來，使他們自己能夠對這一黨表示強力的威脅的反對，因為這一黨出賣工人的行為在勝利底第一剎那就要開始的。整個無產階級底槍炮軍器的武裝必須立卽進行，必須立卽採取防制舊式民團復活的策略，這種舊式民團常是被指揮着反抗工人的。但是假若這尚不成功，工人們必須努力把他們自己組織成一種獨立的赤衛隊，選舉他們自己底領袖，自己底總參謀部，命令全體無產階級不要擁護國家權力，而要擁護由工人們自己所組織的會議。工人有在政府機關中服務的，也必須武裝起來，組織成一種特殊軍團，也由他們自己選出自己底軍官，或者構成無產階級赤衛隊底一部分。決不能在任何藉口之下丟棄自己的軍裝和武器，堅決地抵抗任何繳械的企圖。破壞資產階級民主黨之在工人方面的影響；直接地獨立地武裝組織工人；嚴斥資產階級民主統治底最無恥的妥協的條件——這種情形有時候是不可避免的……我們曾經注意到民主黨人在運動底下一階段奪到了政權,他們將怎樣不得不施行一種多少帶一點社會主義性質的策略。那嗎,我們問,工人們將採取甚麼樣的反對策略呢?自然,在運動底開始,工人們不能提出實際的共產主義的策略,但他們能夠(1)強迫民主黨人儘可能地從多方面去攻擊舊社會制度,擾亂牠底常軌,暫時妥協,把生產力,交通工具,工廠,鐵路等等儘可能地集中在國家手中。(2)當民主黨人提出了不是革命的而是改良的策略的時候,工人必須壓迫他們直到其轉換這樣的策略進而直接攻擊私有財產;譬如,假若小資產階級提議收買鐵路和工廠,工人們必須要求,說,這樣的鐵路與工廠,是反動派底財產,只應簡單地由國家沒收,不必要甚麼補償金。假若民主黨人提議比例稅 (Proportional Tax),工人們必須要求累進稅 (Progressive Tax);假若民主黨人宣布一種溫和的累進稅,工人們必須堅執地主張一種高度等級稅,要能使大財產陷於崩潰地步的;假若民主黨人要求整理國家債務 (State Debt),工人們必須要求宣布國家破產

(State Bankruptcy)。工人底要求必須這樣處處對抗着民主黨人底讓步與策略提出……更進一步說，民主黨人或者直接造成一個聯邦共和國，或者，至少，假若他們不能避除共和國底統一和完整，他們將要允許最大可能的獨立權給各市各省，而使共和國陷於廠瘓狀態。工人們必須反抗這一計劃，不僅是要保障那不可分裂的日耳曼共和國，也且要儘可能地把權力集中在國家底手中。他們切不要被公社自由，自決等德謨克拉西的老生常談引導到歧路上去。他們底鬥爭口號必須是不斷地革命'('The revolution in permanence')。"

馬克思底這篇演詞，是1850年寫的，顯然就是布爾塞維克黨與斯巴達卡斯團底指針。

但是工人階級不要期望從其政治的勝利馬上就能得着他們底解放。

"要完成他們自己底解放，且要隨着這解放而獲得一種如今日的社會所必然要壓迫的更高形式的生活，必須要經過一段歷史過程的長期鬥爭，在這過程中人與情勢同樣地都要發生變化。他們現在沒有理想可實現，現在僅只去解放那已經在日趨崩潰的資產階級社會底母體中所發展了的新社會底種子。"——（馬克思，"法蘭西內亂"。）

生產手段逐漸地社會化了，生產將放置在一種合作的基礎上，教育將要與生產活動結合起來，以使社會底成員都轉變成生產者。在過渡時代還在繼續着的時候，共產主義的格言，"各盡所能，各取所需"(From each according to his capacity, to each according to his needs) 還不能實行。因為這一時代在各方面——經濟的，社會的，精神的——仍是塗着舊社會底痕跡；而且"權利不能超越社會底經濟構造，更不能超越牠所決定的文化的發展。"（"哥達綱領批評"）這時代只能按照各人的工作成績給與報酬。

"所以個人生產者所收回的分量等於他所給與社會的分量而減除了政府，教育，社會等費。個人把其自己底勞動部份給與社會。譬如：'社會工作日'(Social working day)組成於'各個人工作日'(Individual working days)底總和;各個生產者底各個時間是這個生產者所盡力於社會工作日底一部分;因此他應取得相等部分的報酬。他將從社會取得一紙他所做了若干量的工作（減除他爲社會基金——Social funds——所做的工作）底證明書,憑着這證明書,他可以到社會消費品供給部取得與他底勞動成本（Labour Costs）相等量的消費品。他將以另一種形式收回他所曾以某種形式給與社會的相等的'勞動量'（Quantity of Labour）……生產者底權利是比例着他所做的工作而分配的：平等將是由相同的尺度——勞動——之應用而成立。"

因爲作業的成績依照人們底不平等的天稟,不一致的勤奮而有差異,則不平等的分配在這過渡時代事實上將要發生起來。只有在一種圓滿發展了的共產主義社會中,在精神勞動與體力勞動之間的差別已經消滅了之後,那時生產的活動成了生命底第一需要，那時各個人與生產力底多方面的發展已經完成了，一切合作財富底源泉都流得大有'波瀾壯闊'的形勢了；只有到那時，那種狹隘的資產階級的權利觀念纔能改正，共產主義的平等原則(Communist Principle of Equality)纔能實行。

馬克思是在嚴格的經濟路線上推論，把工人階級底解放作爲最高目標，一切其他政治的經濟的運動都被附屬在這目標上的,他自然不會把"國家"(The Nation)之政治的,經濟的,歷史的任務弄錯：這可由"共產黨宣言"證明出來，他在"共產黨宣言"中曾指出了資產階級所創造的"民族國家"(The Notional State)。他嘲笑那些以爲能夠抹掉國家的青年熱心派爲一種陳腐偏見。他把文明人類分爲對抗的階級，而斷定經濟的劃分線(Economic dividing lines)比任何民族的政治的疆域線(National and political boundary lines)都更有力量。所以他是澈底了又澈底地"國際的"。

馬克思主張民族的勞動黨(National Labour Party)一到資本家統治有崩潰的可能的時候，立卽"國際地"行動起來。他以這一事實責備原始的"哥達綱領"："牠從資產階級的'和平自由同盟'(Leagues of Peace and Freedom)借用'人類底國際友愛'(International Brotherhood of Peoples)底詞句，然而牠更必須要推進工人階級之在共同鬥爭中的國際結合以反抗統治階級及其政府。"馬克思決不相信資產階級底和平主義(Pacifism)。

4. 經濟學說綱要

A. "資本論"

我們已經曉得，馬克思是1843年纔成為社會主義者。因為他是一個信仰辯證法的人，他曉得只有理解了發生於資產階級社會中的運動及其發展力，纔能理解社會主義。他在1843——4年的研究所得的結果是，政治經濟學構成資產階級社會底基礎。自此以後，政治經濟學成爲他底研究底主要部門。他底對於法英經濟學者尤其是西司芒地與李嘉圖的鴻博的研究，以及對於與李嘉圖的價值論有關係的1820——40年英國反資本主義的文獻的研究，供給他以從工人階級與正在來臨的社會主義社會底立場去批評政治經濟學并推闡資本主義底起源，發展與沒落的豐富的暗示與材料。這樣一部著作就是"資本論"。"資本論"共有三卷。只有第一卷(1867年)是由馬克思自己經營着印出來的。其他兩卷他只概敍出來，是由恩格爾思在馬克思死後完成發行的。

第一卷討論大工業資本底起源與發展，討論商品生產底直接簡單的過程，只論及了僱主與工人之間的關係，無產階級底被剝削，工錢與勞動時間以及近代技術所及於工人狀況的影響。我們在第一卷中看見了工場制度創造資本的效果。牠底主要人物是生產的，痛苦的，反抗的工人階級。在第二卷中，僱主出現到市場上來，售賣他底商品，把生產底車輪再轉運起來，使商品繼續生產着。在第三卷中，資本家階級企業底實現過程，或整個資本運動：生產成本，成本價格，總所得及其分配爲利潤，利息，與地租，被呈現出來了。第一卷非常地艱深。因爲著者以驚人的努力產生一部偉大的傑作，自然不必要加以潤色鍛鍊，而且滿載着價值，剩餘價值底學說，直達到一種哲學的境域，直是黑格爾底邏輯學底一種範本。他處理他底題旨像一個智識的角力者一樣。馬克思能夠以清晰嚴整的體裁處理繁複的經濟問題，這可由第三卷證明，第三卷是恰如著者從腦筋所思想出來那樣寫成的，沒有堆砌的毛病，沒有註釋的煩瑣，也沒有哲學論戰的枝節。

要理解"資本論"，必須在心中記着：(1) 馬克思把科學地發現的原則視爲"事物底眞實內在的存在"，而把實踐視爲"事物底表面現象"，是能從經驗上去理解的；譬如，價值是理論的表現，價格是經驗的表現；剩餘價值是理論的表現，利潤是經驗的表現；為經驗（價格與利潤）所理解的現象固可以離開理論，但沒有理論，則不能理解現象；(2)他把資本主義的經濟制度視為實際上沒有外在的阻擾，沒有國家與無產階級底侵略：馬克思在"資本論"中說過，勞動底工場保護法底鬥爭，與其說是限制資本皇帝底剝削傾向，勿寧說是完成生產力的。

B. 價　　值

資本主義社會底生命與運動好似一幅由無數交互錯綜的網目所構成的交換作用底無限的羅網。

人們由貨幣底中介繼續不斷地交換無數種類的商品與力役。不停歇地買賣，無間斷地交換物品與勞動力——這就構成資本主義社會中的人類關係底實質部分。這些關係底一幅經濟圖，如果精細地描繪出來，將不亞於一幅表現天體底無數交錯軌道的天文圖那樣紛雜錯亂。然而在這形似混餓的運動中自然也有一種規律或法則在作用着；因爲人們不會糊糊塗塗，貿貿然地製造或交換他們底財貨，如同野蠻人把一整塊金子或原塊鑽石去交換一條玻璃珠的領帶一樣。十七，十八，十九世紀底英法經濟學者，其中如白題（Petty 1623——87），揆內（Quesnay——1694——1759），亞丹斯密（1723——96），李嘉圖（1772——1823），要算政治經濟學底開山老祖，都極力探求那支配交換作用的規律，而他們底理論則被馬克思指爲古典的資產階級經濟學，循着他們底研究，馬克思就斷言：每種商品，卽在資本主義制度下生產出來送到市場的每種物品或貨物，都具有使用價值與交換價值。

使用價值卽商品之滿足其使用者底物質的精神的需要的效用：沒有使用價值的商品是不能交換或售賣的。各種商品，因其爲使用價值，所以在物質上是彼此不同的。沒有人願以一噸小麥交換一噸小麥，只願用以交換布匹。

馬克思主義體系

各種商品以甚麼標準彼此相交換呢？這標準就是交換價值，而這交換價值是成於商品生產所費的困苦與勞動量。相等的勞動量在市場上相互交換着。各種商品，因其為交換價值，為人類勞動底體現，所以在實質上彼此是相等的，僅僅在數量上，牠們是不相同的，因為各不相同的商品範疇體現着各不相等的勞動量。勞動量不是按照各個生產者底工作方法來計算，而是按照一般社會的工作方法來計算，這是很顯明的。

例如，假若手織工人甲要二十點鐘生產一匹布，這一匹布，在近代工廠中，只要五點鐘就可生產出來，因此這個手織工人不能算是有了四倍的價值。假若手織工人甲要求消費者乙以二十點鐘的工作時間底等價物，則乙就可回答他，說，這一樣的一匹布，五點鐘內就可生產出來，所以，牠只代表着五個工作時間的交換價值。因此，照馬克思說，一種商品底交換價值是成於為其生產所需要的"社會必要勞動量"（The quantity of socially necessary labour power)。

這種勞動量不是永久的要素。新的發明,勞動過程底改進,勞動生產力底提高等等,均可使爲一種商品底再生產所必需的勞動量減少;牠底交換價值,或以貨幣底名詞來表示,就是牠底價格,也因之要低落,假若其他事情(需要,交換底中介)還沒有甚麽變動的話。

所以,勞動是交換價值底源泉,交換價值是支配交換作用的原則。交換價值又可以測度社會底商品財富底範圍。財富可以在積量上增加,而在價值上低落,假若爲牠底再生產所必需的社會必要勞動量減少了的時候。

一個國家在工業上愈進步,其文化水平線愈高,則其財富愈大,而所使用在創造財富上的勞動量必然愈小。在我們底時代底實際勞動政治中,工資較高而工作時間較短,這一點可以表現出來。

上面說過,使用價值是每種商品底交換底基本條件。這還未包盡使用價值底任務。爲社會所需要的使用價值量決定所要創造的交換價值量。假若所生產出來的商品比社會所需要的更多，則這剩餘的商品就沒有交換價值，雖然在牠們上面也費用了一些勞動。——（德文本"資本論"，第三卷第175——176頁。）

交換價值——或完成了的社會勞動——底全部實現，如我們所看見的，依賴着供給與需要底適合，而且是一種組織，是一種社會指導。

我們已經講過，馬克思的價值論是與古典經濟學者底價值論有關係的，但牠們決不是一種東西。除開馬克思所改正的，所定義的幾點以外，牠們還可由下面的概念區別出來：古典的價值論以爲，資本家——他們支配生產，以其資本設備勞動工具與原料，把完成了的商品拿到市場售賣，保持着再生產過程繼續進行——表現爲價值底唯一創造者：工錢工人不過是資本家底生產手段底一部分。另一方面，馬克思的價值論則謂，工錢工人把原料轉變到生產底地位，是價值底唯一創造者。價值僅是由工人在生產中，在與生產相聯繫的分配中創造出來的。

C. 工錢與勞動

工人似乎是爲他底工作而取得工錢。實則他之取得工錢是完全依照價值規律以由他所耗費的勞動力底"等價物"而取得的，因爲他由交換所取得的生活資料，通常和習慣上，只夠用以補充（或恢復）他所已經消耗去的勞動力，正如那工作的馬，牠所取得的口糧草料只是爲保持其工作能力所必需的那樣多的數量。

資本家與工人以由經濟規律（生活資料對相等價值底商品——勞動力——底數量，商品對於商品，交換價值對於交換價值）所決定的比例交換一定數量的商品。

因爲勞動底工錢是代表一定數量的生活資料的意思，所以，即或工錢底貨幣形式未改變，只要生活資料底價格低落了，則工錢也無異於增加了，因爲工人這時候能以其原來的工錢數目買得較多量的生活資料。反之，假若生活資料底價格提高了，卽令工錢底貨幣形式仍是與先前一樣，而工錢也無異於減低了。這一工錢規律，由李嘉圖所構成的，被馬克思所接受了，但他決不以這樣的接受爲滿足。李嘉圖把資本主義世界看作是唯一可能的合理的世界，至少是在他著其"經濟學原論"的時候是如此；至於馬克思，則從1843年起，卽對這資本主義世界取一種批評的態度，而極力要否定牠。因此，他更向前研究，研究的所得大概如下：

資本主義的理論家相信，只要工錢問題被價值規律解決了，就算是工錢問題已經被處理了。然而，我們曉得，每種商品不僅具有交換價值，而且具有使用價值，且是爲着有使用價值的原故纔爲人所購取。勞動力這種商品底使用價值是與一切其他商品底使用價值大大地有區別的。

勞動力底使用，創造了交換價值，而且能夠創造出比牠（勞動力）自身所具有的更大的交換價值。

僱主還能夠利用勞動力，只是當牠不僅創造牠自己底交換價值（即生活資料底價值），而且還加倍創造這交換價值的時候。要創造工錢底價值，工人每日只需要五點鐘或六點鐘就夠了，但他却不得不爲資本家在十點鐘或十二點鐘之內去生產。假若工人是獨立的，他將只在工作日底半日中從事生產，只取足他底生活資料就夠了。這期間底生產，馬克思叫做"必要勞動"(Necessary Labour)。但因爲工人是"附屬"於資本家的，他必須不僅執行"必要勞動"，還要執行"剩餘勞動"(Surplus Labour)：工人普通只能在這樣條件下覓得職業，就是除開爲他自己所需要的時間以外，他還要爲資本家做一定時間的沒有報酬的工作。或如馬克思所說："本來在二十四點鐘內，只要半天的勞動，就能維持勞動者底生存，然而這種事實並不能阻制他去工作一整天。所以，勞動力底價值與勞動所創造的價值，在勞動過程中，是兩種完全不同的東西。在這兩種價值中的這種差異是資本家在購買勞動力的時候所念茲在茲的。這種情形：一方面，勞動力底每日生活資料只費得半天的勞動，另一方面，同此勞動力能夠做一整天的工作；因此，勞動力底使用在一整天中所創造出來的價值是倍於資本家爲這種使用所支付的價值——這種情形，無疑的，對於買者算是走了一囘好運，而對於賣者也幷沒有甚麼損害。"

"對於賣者沒有損害"，這從李嘉圖底立場看來是十分正確的，但從馬克思底立場看來就不然了。他常常叫剩餘價值爲"無償勞動"（Unpaid Labour），例如，並說，"資本家掠奪了每日勞動底一半而沒有付給甚麼。"換句話說，就是資本家拿走了一些東西而未給報酬。這是一種極顯明的倫理的判斷。

另一方面，還有極重要的事，就是，在研究工錢問題的時候，必須還要研究馬克思的剩餘價值論。因爲這一學說是馬克思底全部經濟學體系底基石。

D. 剩餘價值

我們已經提及過,馬克思在討論他底價值論上,是循着古典經濟學的,但是改正了牠底定義,而且把牠聯繫到工錢上去。他這樣地講時,特別著重到資本與勞動之間的衝突。

就英國而論,這一辯證過程底發端,是反資本主義批評家底功績,他們約在1820年,或在李嘉圖底著作發表後三年,發出了他們底抗議。他們,依照李嘉圖,宣言,勞動是價值底源泉與尺度。然而照他底意見說,勞動是"沒有甚麼"(Labour is nothing),資本是"一切"(Capital is everything)。

這應該顛倒過來說:勞動是"一切",資本是"沒有甚麼"。這部文獻是與英國革命的勞動運動底出現同時的,大憲運動稍後不久就從這種運動發生出來。比爾斯‧拉風斯頓(Piercy Ravenstone)(1821年)叫資本爲"形而上學的(空虛的,無形體的）存在"（Metaphysical Entity）。何啓斯金（Hodgsking）(1827年)叫牠(資本)爲拜物教，而他們却把勞動描寫爲"經濟的現實"（Economic Reality)。剩餘生產，剩餘價値這等名詞已經被反資本主義學派所知，馬克思當開始經營其政治經濟學批評的時候，也曾與這一派發生過關係（註）。但是這一文獻供給他以建設剩餘價值論的材料少於供以構成古典經濟學底價值論。況且，當英國底反資本主義批評家，如拉風斯頓，格雷，何啓斯金以及布雷，僅僅責備剩餘價值爲不道德，爲一切社會罪惡底源泉的時候，馬克思已經運用剩餘價值論爲打開資本主義制度這架機器的鑰匙，而顯露出牠底作用，牠底趨勢，以及牠底最後的命運了。這似乎是在英國反資本主義批評家與馬克思之間的眞實差別。在此事中，他不得不盡力完成他底工作。他所提的問題不復是"甚麼是財富底實質，怎

(註)參照M. Beer 底"英國社會主義史"第一卷第245——270頁。

樣去度量牠?"而是"牠底生長和不斷的積纍當怎樣去解釋?" 資本即是為利得與增殖的目的而使用的那一部分財富。這種利得,這種財富又是從何處來的呢?這個答覆如下:

一切用在生產企業上的資本,都是由兩部分構成的:一部分是用在生產之技術的手段上的——如用在建築物,機器,工具,原料上的;其他一部分是用在工錢上的。這第一部分馬克思叫做"不變資本"(C)另一部分叫做"可變資本"(V)。第一部分稱作"不變"的,因為牠所增加到商品上的價值,僅僅恰如牠自身在生產過程中所失去的價值那樣多;牠沒有創造甚麼新價值;馬克思又叫牠為"被動部分"(Passive portion)。對工錢的支出叫做可變資本,是因為牠在生產過程中經受了一種變化:牠創造了新增的價值:馬克思又把可變資本叫做"自動部分"(Active portion),因為牠創造了剩餘價值(S)。

資本底不變部分與可變部分底這種組織馬克

思又叫做牠底"有機組織"(Organic Composition)。當一種企業底資本是百分之八十的不變資本，百分之二十的可變資本的時候，他就叫牠為"平均組織"或"正規組織"。假若不變部分較高些，可變部分較低些，他就叫牠為"高級組織底資本"。

在百分之八十以下的不變部分與在百分之二十以上的可變部分底資本，他就稱之為"低級組織底資本"。這是很正確的，因為資本主義生產底梯子愈高，機器與工廠建築所費愈貴，原料底支出也愈大，因此原始企業只能使用較少的機器，較便宜的作坊，但要用較大數目的工人。所以在（C）與（V）之間的關係同時也就顯露了生產發展的階段。

因此，照馬克思說，創造剩餘價值（通常也把牠叫做利潤）的，只有可變資本。我們在上面解釋工錢性質的時候，已經看見，為甚麼可變資本所創造出來的價值比牠（價值）為資本家所報償的要多；工人固然取得了他底勞動力底交換價值，但勞動力底使用價值却被利用了——如我們所曾經假定的——兩倍於勞動力底再生產所必需的那樣多的時間。這種剩餘勞動體現在剩餘價值內,至於工人每日所取得的工錢——假定——為三先令,再生產這三先令,只要工作五點鐘就夠了,然而他底勞動力却要被使用十點鐘。這五點鐘的剩餘勞動,體現在商品底交換價值內,所以商品底價值是由(1)"不變資本之被漸次移轉的部分",(2)對工錢的支出,(3)所增加的剩餘價值:這三部分組合成的。剛在生產過程之前,只有不變資本與可變資本存在着,簡式為 $C+V$;在生產過程完成之後,商品就體現着不變資本,可變資本,還有剩餘價值。這就是商品底實際價值,簡式為 $C+V+S$。

工錢與剩餘價值之間的比數,或說是有償勞動與無償勞動之間的比數,或以簡式表之為 S/V,馬克思叫牠為"剩餘價值率":這種剩餘價值率就表現着勞動之被剝削底程度。

假定工錢總額為三先令,這三先令只要五個

工作時間就能生產出來，又假定工人在工廠中爲這三先令的工錢而做了十點鐘的工，因而他所創造出來的交換價値達到了六先令，那麼，這剩餘價値率就是百分之百。在生產過程中以這樣的方式發生出來的"全部剩餘價値"就叫做"剩餘價値底積量"(Mass of surplus value)，或簡列爲 m.s.，就是說，由從事於一種企業的工人底總數目所乘起來的"各個剩餘價値率"，或"工錢總額"。

E. 利　潤

"剩餘價値底積量"以"利潤"底形態出現到資本家。"剩餘價値"是一種馬克思的科學術語，恰恰地表現着利潤底原理。利潤是一種商業名詞，表述那以一種經驗底主題（卽在經驗上）出現於實際生活中的剩餘價値。

但是在馬克思的理論概念與商業的經驗概念之間的區別不是這樣單簡的：這種區別是從資本與勞動底影響之在經濟過程中的不同的概念發生

起來的。讓我們更明白地解釋一下。

大家都曉得，馬克思把投用在工業企業中的資本分成兩部分，卽：不變部分（生產底技術手段）與可變部分（活的勞動力，工錢）。他斷定只有活的勞動力（工錢勞動）纔創造出剩餘價値，至於不變資本，則僅把牠自己底價値增加到新生產品上。

資本家却以別樣方法劃分他底資本支出：分成固定資本（建築物與機器）與流通資本（原料與工錢）。固定資本只能在連續的幾年——假定爲十五年——中，緩緩地用盡而完全移轉到生產上：譬如有£75,000底固定資本，則每年所耗用在商品底生產而列在決算表中的只有£5,000。另一方面，流通資本（原料與工錢）是在每一期的生產中都被完全耗用，而在每一期的生產開始都要重新供備。

假定所要開始經營的一種工業企業需要£105,000底資本支出：£75,000固定資本（爲建築與機器之用）。£20,000爲原料之用。£10,000爲工錢之用。爲便利起見，我們就假定一個生產時期爲一年，並假定剩餘價值率為百分之百，就是說，勞動力取得£10,000底報酬而生產了一種£20,000底價值。到了年終，資本家計算他底支出是£5,000底固定資本，£30,000底流通資本：於是這所生產出來的商品價值為£35,000底淨支出。這就是"成本價格"(Cost Price)，未加算利潤的。照馬克思說，成本價格代表C與V，所以沒有S(Surplus Value)。

但是資本家却明白這所製造出來的商品代表着一種比生產成本更大些的價值。照馬克思說，剩餘價值總額應為£10,000(因為£10,000底可變資本以百分之百底比率創造剩餘價值)；但資本家則把一種包含着企業底利得與資本底利息的利潤加算到成本價格上。假若只有這位資本家在市場上，則他底利潤可以吸盡這£10,000底剩餘價值全部；但他還要計算着競爭與市場狀況。成本價格加利潤，是資本家所定的生產價格(Production Price)。但照馬克思說，就是照純理論說，生產價格是等於成本價格加剩餘價值。因此，在理論的與實際的生產價格之間有一種數量的差異——貨幣總額底差異——並且關於利潤底源泉，在資本家與馬克思底概念之間，還有一種質量的差異。資本家相信利潤是他所投進在生產過程中的資本部分底結果，以及他自己底商業材幹底結果。他方面，馬克思則謂資本家所以能搾取利潤，是因爲工錢工人（活的勞動力）在生產過程中創造了剩餘價值，對於這一部份剩餘價值，他們並沒有取得絲毫報酬。

我們曾經假定剩餘價值與可變資本之比爲百分之百，並假定使用在工錢上的£10,000生產了£20,000。然每年的決算表只表示着利潤對總支出的百分率。因此，我們必須把£10,000底剩餘價值分派到那所已消用的£35,000上面去。一種企業底剩餘價值，被分派到總資本（Total Capital，簡作C）上面去的，馬克思叫牠爲"利潤率"（Rate of Profit），或簡列爲：

$$S/C\left(\frac{剩餘價值}{總\ 資\ 本}\right)=\frac{10000}{35000}=28\cdot58\%。$$

一般說來，資本家絕沒有在"成本價格"以下售賣而不陷於破產的,但他却十分容易在"生產價格"以下售賣,而且這種情形非常之多。在我們所已經舉的例中,他底利潤率達到了百分之二十以上。依照競爭底程度,或由其他種種情勢（這些情勢我們將在下一節中研究）,他只要有百分之十,十五,或二十底利潤率,他自己就很滿足了,這百分之十,十五或二十底利潤率一半作爲他底進款,一半加用在他底企業底發展上。這百分之二十八的利潤普通構成一種資本家在其中規定其製造品價格的環圈。在順利的情勢之下,他可以把這百分之二十八全部加到價格上去；在不順利的情勢之下,只加百分之十,十五或二十。因此,剩餘價值還有幾部分留存在商品中,還未被實現出來。這是甚麼原因呢？就是利潤或剩餘價值底留存部分落到居在生產者與消費者之間的大小商人底手中,或以利息的形式滾入到銀行機關中去,假若這資本家是以借入的貨幣來經營企業的。因爲利潤只是在流通過程中（在商業與交換中）實現出來,而且就在流通過程中分配給各種經濟階層，於是大多數的人們都以爲利潤是在商業交易中發生出來的。他們不曉得一種商品底價格所以能在商業交易中增加的，只是因爲這種商品底"製造價格"(Manufactured Price) 是規定在牠底生產價格或牠底價值以下的，就是說，是因爲商品包含着一種僅能在流通過程中漸次實現出來的剩餘價值。

這一學說底社會意義是非常深遠廣大的。因爲據此推論下去，則在生產過程中或在原料轉運中，凡未參加過體力勞動與腦力勞動的一切社會層，都是度着一種寄生生活，而消費着那被資本家階級從無產階級所搾取的，而且被牠所掠奪來而未給報酬的剩餘價值。

資本家的觀念則恰與此相反。照資本家的觀念，利潤是企業底精神與資本家底材能二者所加於被用在生產過程中的那一部份資本的結果，就是所加於：機器，建築，原料，勞動力這些資本上的，而這些東西又都是以牠們底適當的交換價值買來的。如此，則商人與放款者取得一部分這樣創造出來的利潤，據他們看來，自是應該的正當的了，因爲是他們把商品傳致於消費者，以此幫助着實現交換價值，完成生產過程。

剩餘價值歟抑利潤歟？勞動歟抑資本歟？潛隱在這問題後面的是近代社會制度底偉大的階級鬥爭。也無怪乎馬克思的價值論與剩餘價值論引起了一種廣大的論爭，在此論爭中，那有名的平均利潤率佔很重要的地位。

F. 平均利潤率

依照馬克思底價值論與剩餘價值論說，只有可變資本能夠創造新生價值與剩餘價值。一種低級有機組織底工業企業，就是一種使用較多可變資本較少不變資本的工業企業，因此，比之一種高級有機組織底工業企業，卽用着相等的總資本，只是所包含的成分比前者底不變部分較大，可變部分較小：比之這種企業必然要產生一種較大的剩餘價值，或較多的利潤。我們來舉兩種相等的工業資本爲例，每種資本總額都作爲£35,000。一種資本使用了£15,000於不變部分（機器，原料），使用了£20,000於可變部分（勞動底工錢）。其他一種資本則用£10,000於不變部分，用£15,000於可變部分。假定這二種底剩餘價值率都是相等的——百分之百——則第一種資本要產生£20,000的剩餘價值（利潤），第二種資本要產生£15,000的剩餘價值或利潤。但是經驗指示我們，相等的資本額——雖然在利潤中有着暫時的差異——具有產生相等的利潤的趨勢。從這裏看來，似乎決定剩餘價值（利剩）底大小的是所使用的資本，不是所僱傭的勞動，似乎資本主義生產過程底具體結果與馬克思的價值論不相符合，似乎事實直接與這一理論相矛盾。然而馬克思自己早卽注意到這個問題。在他以科學規律底形式建立了他底剩餘價值論之後，他又繼續說道："這一規律顯然與基於外表現象上的一切經驗相矛盾。人人都曉得，一個紡棉者計算他所使用的全部資本，雖然用了較大的不變資本，較小的可變資本，然而決不會爲這個原故遂使他所攫得的利潤或剩餘價值比一個運轉着較大的可變資本較小的不變資本的烤麵包者所得的爲少。"

那麼，在這種不同的有機組織資本底情形上，怎樣纔能使平均利潤率與剩餘價值論相調協呢？

馬克思認爲有機部分不等而總額相等的資本仍然產生一種相等的利潤率，雖然所創造的剩餘價值底積量是不相同的。例如有兩種資本總額，各爲£50,000，一種包含着£40,000不變資本，£10,000可變資本，剩餘價值率爲百分之百，則產生£10,000剩餘價值。另一種包含着£10,000不變資本，£40,000可變資本，剩餘價值率是一樣的，則產生£40,000剩餘價值，結果，這兩種資本仍然產生一種相等的利潤率，雖然在理論上牠們是不相等，假若剩餘價值率是直接決定利潤率的。在第一個例上，利潤率要達到百分之二十，在第二個例上，利潤率要達到百分之八十。實際上兩種企業產生一種相等的利潤率。

依照馬克思，這是怎樣解釋呢？不同的利潤率由競爭而被平均化爲一種"一般的利潤率"(a general Rate of Profit)，這是一切各種各樣的利潤率底均數。因此，資本家之實現其剩餘價値，不是以在各個特殊工廠所創造出來的剩餘價値去實現的，而是以被社會底總資本底作用所產生出來的平均利潤率底形式實現的。平均利潤率比之各個利潤率可以或高或低，因爲，如馬克思所解釋的，"無數大大小小的資本家，若只就利潤而論，猶如在一個股份公司中的無數大大小小的股東一樣，在此公司中，每股應得的利潤額，是由'總股數'除'總利潤'所得的'平均數'。各個股東由此公司所分得的利潤多少不等，是因爲他在此公司中所投的股份數目多少不等，至於'利潤率'則是相等的。因此，利潤之在各個資本家底情形上有着種種差異的，也是依照由他們每人在社會企業中所投的資本總額而定，依照他們自己之在社會生產中的投資而定，依照他們自己底股份而定。"

因此，雖然各個利潤率不與剩餘價值率比例地相一致，就是說，雖然在各個工廠中工人之被剝削底程度以及像這樣各個被創造出來的剩餘價值底積量不直接決定各個利潤率，然而"社會剩餘價值底總積量"（The total mass of social surplus value）却是平均利潤率底源泉。假若剩餘價值底積量大，社會剩餘價值底總積量大，則平均利潤率也必隨之而大。馬克思說："這裏也正如一個高利貸者以各種不同的利息率（Rates of Interest）借出他底各部分資本所得的平均利息率（Average Rate of Interest）一樣。他底平均率底水平線是完全依賴着他以每種不同的利息率所貸出的資本總量而定的。"許多各個不同的利息率愈高，他底資本所貸出的平均利息率也愈高。

所以，各個生產價格，其意義爲成本價格加平均利潤率，而不是加剩餘價值；牠不必與投用在各個企業中的不變資本與可變資本底總額加剩餘價值底積量相適合：各種商品價格與商品價值底大小不是顯然相等的，這是馬克思所常常指出的。自然，資本家階級底總利潤是與從工人階級所榨取的總剩餘價值相符合的——自然，這是假定商品底供給與社會的需要相適合的時候。

因此，剩餘價值底規律雖然時有曲折離軌的現象，終究還是很正確的。馬克思說，"在理論上，常是假定資本主義生產方式底規律自由地發展着。在實際上，只是相近如是（Approximation）而已。"

資本主義的生產愈發展，在特殊情形上的"相近"底程度也愈大，因為資本主義底進步，其意義為不變資本底繼續增加，產業過程帶着更大的機器的性質，可變資本縮減到必要的最低度，因而在資本主義企業底有機組織中的差異日漸縮小，這樣就使平均利潤率與剩餘價值率相互接近了。

這種間接而困難的實現利潤的方法又牽入到

這一事實：資本家並未明顯地看到由他所施行的對於工錢勞動的剝削，他只相信利潤是由他自己底商業材能生出來的。

馬克思經濟學說綱要底難讀的這一節，最好是抄馬克思在他底大著"資本論"底終章上，他自己所寫的關於這一主題所得的精深博大的觀察來做結論。——(德文本"資本論"第三卷第二部第355——6頁。)

"在資本主義社會中，這種剩餘價值，或剩餘生產物（略去在牠底分配中的偶然的動搖而只研究這些動搖底支配規律）是比例着為每個資本家所保有的社會總資本底百分率作為紅利而分配給各資本家的。在這樣的形態上，剩餘價值就表現為平均利潤，這種平均利潤又轉而分為企業與利息底利潤，而且由此轉落到各種不同的資本家底手中。正因為活動的資本家以利潤底形式從工人壓搾剩餘勞動，隨着這所壓搾的剩餘勞動而搾取剩餘利潤，所以地主方面也轉而以地租底形式從資本家榨取這剩餘價値底一部份。所以，當說利潤是歸於資本底應得額的那一部份剩餘價値的時候，我們底意思是指平均利潤而言……資本底利潤（企業底利潤加利息）與地租只是剩餘價値底特殊組成部份……假若總加起來，這各部分就構成社會剩餘價値底總和。利潤底一大部分是直接轉化爲資本。"資本就是這樣地生長着，或如馬克思所說，積纍着。

G. 剩餘價値爲社會動力

我們已經講過，資本就是專用於增加財富，利得，榨取利潤或剩餘價値這一目的上的那一部分財富。這個目的支配着資本家階級；對於剩餘價値的願望是他們底活動底主要刺激，第一動機。這一階級爲這種願望所激勵，爲他們底特殊利益所縈心繫慮，遂無意識地，不知不覺地發展了全部資本主義制度而且引之達於比從來更高更遠的階段。

因此，剩餘價值是近代資本主義社會底歷史推動力。這一原則是被馬克思在其志在指示資本主義底興起與生長的理論體系中嚴格地推闡出來的。

資本家絕不是科學的研究者；他自己不明白：利潤是被資本部分所創造的呢還是人的生產力底結果，他只曉得一件事——沒有活的勞動力，沒有工錢工人，他底全部資本是死的，不能增殖一點甚麼；一切固定資本與原料，假若不使之活動起來，以活的勞動力把牠們轉形成商品，這種固定資本與原料對於他是沒有一點用處。所以，他底努力首先就是要好好地去利用這種活的勞動力。從歷史上觀察，在大規模工業底初期階段，不變資本部分佔少數，可變資本部分比較佔多數：因為那一時期，機器還少，主要的事物還是活的勞動力。那時期的工人還不是具有近代意義的工場無產者（Factory Proletarians），只是已經失掉其獨立生存的工匠（Artisan）。

資本家把他們招來做工，利用他們底勞動力與特殊技能。他又極力延長工作日，以便儘可能地多多地生產商品與利潤。

假若從前工錢工人是作十點鐘的工，這十點鐘當中的五點鐘是專用於生產他底工錢價值，還有五點鐘是專用於生產剩餘價值，那麼，他現在就不得不去做十二點鐘的工，這就把生產剩餘價值的時間增加到七點鐘了。由延長工作日所榨取的剩餘價值，馬克思稱之爲"絕對剩餘價值"（Absolute Surplus Value）。

資本家於是又從經驗上曉得：假若把工人相互合作地組織起來，勞動生產力就可增加。從這裏發生的勞動方式，馬克思就稱之爲"合作"，或"店舖底新組織"（Reorganization of Workplace），這把商品底全部生產提到一種較高的水平線。工人之在生產過程中的合作，立卽引起了這種發現，就是，假若工人不是一個人做這生產品底全部分，而只做這生產品底一部分，則他在工作中所損失的時間更少，做得更快更熟練，而且所生產的也比以前更多。這一發現就引起了"分工"，分工固然把工人降到一種"自動機"或"有生命的機器"底地位，然却大大地增加了商品財富。分工又需要更精善的工具，於是機器問題起來了，這問題是要機器匠與工程師來解決的。這又助致了機械學底進步。這正在生長着的商品財富，與必須更"有出息地"實現這種財富的壓迫，致使擴大市場成爲非常必要；擴大市場的必要又遇着運輸的困難；運輸問題於是又起來了，這問題又要道路工程師與運河工程師來解決。勞動過程底日漸加繁，所生產的商品種類底日漸增多，結果又引起了新的冶金的，物理的，化學的種種問題。自然科學也因之發達起來了。

　　然而事情在工廠中並不是很平靜地進行着的。勞動時間底延長，工人底神經與體力底過度的苦勞，以及工作底機械式的配置，自然要迫得工人們不得不結合起來爲改善勞動條件而鬥爭。這種鬥爭同着自然科學與工藝學底進步，市場底擴張，結果，獲得了機器工藝學底發現，蒸汽與電力底發現，這蒸汽與電力構成了大規模工業底基礎。

資本家一方面不得不儘可能地使他自己不受活的勞動力底支配；他方面又不得不增加他底利潤底積量。新技術底發現供給他以這種手段。那些仍然有點自負着他們底手工技術的工人，或是破產了的小農民，不能忍受工場紀律（Factory Discipline），因而表示着反抗態度的，至是逐一部分被女工勞動與兒童勞動所代替，一部分被壓迫着不得不俯伏順從。勞動時間仍然繼續延長着，女工勞動與兒童勞動之被剝削，達到了可怕的程度。那些工錢工人，他們自負着自己的職業而且常常還帶着自己的工具走入僱主底工廠中去的，至此不過成了那巨大的無情的轉動着的機器中的一個小齒輪。

在這廣大的無前例的社會轉變中，舊式的手工技術被命運注定了要消滅：整個社會層之代表着正在消滅過程中的手工技術底形式的，至是遂陷入貧困，而加大了無產者底階級。工業革命底進步也廣延及於農業：剩餘價值（地租）底貪慾引起了大地主底圈封公有土地的行為，獨立的小地主階級 (Independend Yeomanary) 大受摧殘，小自耕農，小佃農都被轉變為無產者。社會階級底轉變於是發生了；都市人口迅速地生長着，鄉村區域底人口日漸減少：由這一革命過程，兩個階級底輪廓於是一天一天更加顯明：資本家階級與無產階級。

工廠無產階級與其他對於資本主義抱着敵視態度的社會層二者都反抗破壞健康的剝削而為一種正常的工作日鬥爭。

工作時間縮短了，對於資本家之延長工作日以壓搾剩餘價值也予以限制了，但機器技術底進步馬上又強迫工人在較短的工作時間中加劇地勞動着：機器底迅疾運轉決定了勞動底速度，加強了神經底緊張。自茲以往，工人必須要在一個工作時間（一點鐘）內搾出爲以前一點半鐘所消耗的精力。以這樣的方法所搾取的剩餘價值，馬克思就稱之爲"相對剩餘價值"（Relative Surplus Value）。工人們力求一種較短工作日的鬥爭，這對於製造業者之對其機器精益求精，以便增加相對剩餘價值總額，是一種強有力的刺激。加緊工作或創造相對剩餘價值，這是最進步的資本主義之最顯著的形勢底一種最直接的結果。這種新形勢底瞭解，是瞭解馬克思主義體系的先備條件。在這方面，馬克思大大地超越了那些追隨李嘉圖的反資本主義的理論家。

當資本家覺察着搾取絕對剩餘價值遇着了不可渡越的困難的時候，他將怎樣辦呢？他引用最新式的最昂貴的機器移代活的勞動力而使他所尙在僱用着的活的勞動力更加緊地工作，他這樣來應付他底企業。

但因活的勞動力愈少，所生產出來的交換價值與剩餘價值也愈少，於是他不得不加倍地生產，企圖以大量的商品去填補那減少的剩餘價值：假若某一種商品給他生產了較少的利潤，他就把這種商品大量地生產一些，以使由此所得的利潤能與以前相同，或者比以前更多。機器愈複雜，所消費的原料數量愈多，所使用的勞動力總額比較地愈少：這明顯地表示着一種資本之在有機組織中的變化：即不變部分（機器，原料）更加非常地超越了可變部分。假若以前這有機組織底百分之五十爲不變部分，百分之五十爲可變部分，則現在就有點成了 $\frac{80}{100}$ 不變資本：$\frac{20}{100}$ 可變資本。同時，創始的資本也要大大地增加，因爲機器與大量的原料以及補助的材料都需要大大地增加資本。例如，假若創始的資本以前曾達到 £100,000，分作 £50,000 不變資本，£50,000 可變資本，現在就要增加到 £500,000，而分作 £400,000 不變資本，£100,000 可變資本。這種有機組織底意義爲：較少的勞動量運用着大量的生產之技術的手段；勞動因工作更加緊而生產也更豐富；商品底總和增加了；利潤更大了；利潤之再轉化爲資本也進行得更加迅速了。

生產規模更加擴大，創始支出底總額愈加增多，但也只有龐大的資本所創造出來的相對剩餘價值纔夠保證企業底利潤與利息底支付以助進資本底積纍。

更加擴大的生產規模對於力量小的資本家企業是不可能的。牠們一部分破產而消滅下去，一部分則結合爲股份公司(Joint Stock Company)。前一種的結果使生產手段集中在少數大資本家底手中，第二種的結果則只起了生產手段集中底作用。這是資本底有機組織所及於資本家階級的影響。

至對於工人階級的影響也是很強烈的。當手工工人在工廠內還佔重要地位的時候，當可變部分在資本底有機組織中超過或等於不變部分如在大規模工業之前或其開始的時候，資本積纍意卽工錢勞動底需要增加。當資本主義發展了，這種情形就要如剛纔所述的那樣形態發生變化。資本底積量雖然是在生長着，而對於工人的需要却相對地減少了。因資本底這種生長主要地是關於不變部分（機器與原料）的，而在可變資本上則相對地縮減；這所表露的意義即是，工人不得不比以前消費（或處理）更大量的原料。

商品價格旣在資本之高級有機組織底階段中低落了，於是必要勞動時間（爲工錢底再生產所必需的時間）就減得愈短，而創造剩餘價值的時間就延得更長。所以大工業底發展，對於工人的意義卽是：更殘酷的剝削，相對的人口過剩，勞動力底後備軍，這種後備軍在產業繁榮的時候，就爲工業所吸收，而疲滯狀況一經到來，馬上就被解僱。在市面情形好的時候，這種後備軍供以遏制在僱傭中的工人底工錢要求，在市面情形壞的時候，則供資本家以低勒工錢的手段。這對於工人所生的結果如下：

"在資本主義社會中，一切提高社會勞動生產力的方法，都是由犧牲各個勞動者換來的；一切發展生產的手段,都又轉變為宰制並剝削生產者的手段;牠們(發展生產的手段)把勞動者殘廢成一種'破碎的人',把他墮落到一架機器底附屬物的地位,把在他底工作中有興趣的部分,連株帶根地摧毀淨盡,而把他底工作轉為一種討厭的苦工;牠們把科學貫注到勞動過程中而把牠(科學)視為一種獨立的力量,這樣一來,就使勞動者從'勞動過程底智識能量'(Intellectual potentialities of the labour process) 離開了;牠們把勞動者在其下工作的條件惡劣化了,把他在勞動過程中隸屬於暴虐的專制,而這種暴虐專制底卑污無恥更使他感覺得非常厭惡;牠們把他底'生命時間'(Life-time)變為'勞苦時間' (Working-time),把他底妻子兒女碾壓在'資本底巨神嘎格爾諾德底車輪'(The Wheels of the Juggernaut of Capital) (註)之下。

(註)印度神話,Juggernaut 為 Vishnu 神底第八化身 Krishna 底稱號,每年紀念日,其信徒以大車載其偶像遊行,謂有自伏地上被車礫死者,得昇往極樂世界云。

但他方面，一切生產剩餘價值的方法同時就是積壘底方法；積壘底每一擴張又成為發展那些方法的手段。由此可以推知，勞動者底命運，無論其所得的報酬是大是小，總是比例着資本底積壘而必然更陷於惡劣之境。所以，一端是財富底積壘，同時在相反的一端，卽在資本底形式中生產其自己的產物的階級那一邊，也就是貧困，勞苦，奴役，愚昧，殘忍，精神墮落……底積壘。"——（德文本"資本論"第一卷第660——1頁。）

資本主義的社會制度底結果是：生產力底展開，科學底秀發，物質文明底擴張，社會被劃分為對抗階級，少數人掌握經濟的權力，多數人陷於奴隷墮落的地位。

H. 經濟的矛盾 社會底崩潰及其改造

當資本主義社會制度底成熟進行到最高點的時候，牠底內在矛盾就發展起來而明顯地表露着這一事實，卽資本主義已經超越了牠底效用，於是新的生命，一種更高的社會形式就從牠底胚胎中出現了。最重要的矛盾爲：

資本家底動力是要去得着最大限度的剩餘價值或利潤。然而資本主義底最後階段是被資本底高級有機組織所標記着，這意義卽是，活的勞動力，剩餘價值底源泉，已經相對地減少了。可變資本底縮減，其顯著的意義卽是利潤率底低落。資本主義在正常的時候，是呈顯着一種利潤率低降的趨勢。所以這就產生了一種與資本家努力底目的相矛盾的現象。資本家力求積纍資本，但當可變資本與利潤率相對地低減的時候，"資本貶價"(Depreciation of Capital) 底趨勢就顯露出來了。資本家努力去阻制這種趨勢，而以擴大生產規模來完成他底目的，因爲只有這樣，庶幾能夠以各種商品底積量來補償他每期單獨在各種商品上所担受的損失。但當他以高級有機組織資本的手段來促進這一目的時，他擠出了居間人，減少了在僱傭中的工人數目，創造了相對的過剩人口，這種過剩人口僅僅間歇地被僱傭着；在商品底銷路上，就有一種實質的低減，因爲貧乏的羣衆顯然只有一種低微的購買力。資本家擴大了生產，同時又縮小了市場。結果是生產過剩，消費過低（Underconsumption）——恐慌：資本底浪費，生產底限制，生產力底麻痺。假若馬克思生於今日，他將還要說：大規模資本主義所發展的經濟，就是說，高級有機組織的工業資本，需要巨大數量的原料，這些原料，一部分只有從熱帶以及近熱帶的國度纔能取得，也有一些是從東亞取得的；爲奪取或接近這樣原料富源的衝突，引起了連續不斷的戰爭，在戰爭中，空前未有的巨大數量的資本全被摧毀。自從1894年以來，這種爲奪取原料與商業要道的戰爭每隔幾年就要暴發一次。經濟恐慌與帝國主義戰爭；資本與生產力底不可測量的破壞。這一種結果是與資本主義經濟制度底歷史任務以及各個資本家底直接目的對立着的尖銳的矛盾。

更進一步說，資本家從開始就企圖着訓練一

批馴服的無抵抗的工人羣衆，然而實際上他是以巨大的生產中心把他們聯合起來，團結起來了；工場變成了組織工人的中心，變成了鍛鍊無產者底個人意志爲階級意志（Class Will）的中心；牠們（工場）消滅了各單個工人層底分散對抗的利益，而團結成爲統一的階級利益。最後，始於個人主義原則底基礎之上的整個經濟過程，現在取着共同的性質；整千整萬的體力腦力工人，在單一而統一的計劃上，藉着只有合力纔能使用的生產工具底幫助在經濟的企業中從事生產。

這些矛盾底意義和趨勢，已由馬克思在其大著中的一處概述出來了，這一段最好是放置在第三卷底最後一章：

"一到這個轉變過程已經充分地把舊社會澈頭澈尾地解體了的時候；一到勞動者已被轉變成無產者，其勞動手段已被轉變成資本的時候；一到資本家生產手段已經能自己站立起來的時候：於是勞動之進一步的社會化，以及土地與其他生產手段之進一步地轉變成社會所利用的生產手段，因而卽成爲共同的生產手段，卽私有者底進一步的被剝削：這一轉變過程就取着新的形式。現在被剝削的，不復是爲自己而工作的勞動者，而是僱傭了許多勞動者的資本家。這一剝削過程是由資本主義生產自身底內在規律底作用，卽資本集中底作用所完成的。一個資本家常常擠陷許多資本家。隨着這種集中，隨着多數資本家之被少數資本家所剝削，勞動過程底合作形式就以激劇的程度發展着；於是我們就看見一種有目的地應用科學來改進技術底發展的趨勢；土地是更有方法地來耕種，勞動工具傾向於取着只有用聯合的力量纔能使用的形式；生產工具只有由聯合的使用，由社會化的使用纔更經濟；全世界底民族都被陷入於世界市場底網目中，因此，資本主義統治就一天一天帶着一種國際性質。資本家（他們篡奪了並獨佔了這轉變過程中的一切利益）底數目繼續不斷地減少，與之相應而生的就是廣大羣衆底貧困，壓迫,奴役,墮落之繼續不斷地增加,但同時却有了勞動階級底憤怒之堅決的深刻化——這一階級,其人數是逐漸加多,且卽由資本主義生產方法這架機器而紀律化,統一化,組織化。生產方法本是隨着資本家獨佔而繁榮的,且是在牠底卵翼之下而繁榮的,現在這資本家獨佔反成了生產方法底桎梏。生產工具底集中與勞動底社會化,現在達到了證明牠們已經與其資本主義底外殼不相適合之一點了。這個外殼於是爆裂了。資本家私有財產底喪鐘響了。剝奪者被剝奪了。"——("資本論"第一卷,英文版,第三十四章。)

結 論

要明澈地瞭解馬克思，只有採取馬克思的方法纔能達到目的。我們必須以判斷任何其他之在思想王國或行動王國中的顯著人物的同樣方法來判斷他。馬克思是他底時代底產兒，他底體系是他底時代底一定經濟的社會的現象底邏輯觀，有些地方自然是淵源於其前輩底先驅事業和思想。

有兩件重大事變支配着他底思想：法蘭西大革命和英國產業革命。露格謂在1843——44年時，馬克思曾蒐集了很廣博的材料，想著一部法蘭西國民會議史，卽令置露格底話於不顧，我們從1844年與1852年之間他所寫的一切著作，也可曉得法蘭西大革命對於他底精神生活的影響是如何地深刻。然而更深刻的是他研究1760——1825年間的英國經濟轉變所遺留在他底精神上的印跡。但這兩大事件都是階級運動與階級鬥爭底顯明的巨變的表現，在這種階級運動與鬥爭中，那爲更高的經濟制度底代表者的資產階級，戰勝了封建特權底專制形式與國家組織底寡頭政制，然而同時一種新興階級——工人階級——也抬起頭來，開始對抗這勝利者。

　　馬克思被導引着在這一方向上去解釋這些巨大的事變，而且拿牠們做他底歷史觀底基礎，這大部分是受了黑格爾，李嘉圖以及追隨着李嘉圖的英國反資本主義學派諸人底影響。他終身堅守着這樣的意見：辯證法，如黑格爾所構成的，固然是帶着神祕的色彩，但把牠從唯物論的見地運用起來，牠就包含着社會運動底規律。"辯證法之在黑格爾底手上所遭受的那種神祕性，仍不妨害黑格爾是以一種鴻博明晰的形式來呈現辯證法底總過程的第一人。"——("資本論"德文版第二版序，1873年。)

分離觀念使之成爲矛盾，又由這些矛盾底否定而達於一種更高的正題，這，由馬克思看來，就是構成法蘭西大革命與英國產業革命底本質和深刻意義的東西。社會是"正題"，被分裂爲封建社會與資產階級社會，遂成了兩種尖銳的矛盾，資產階級出現爲"否定"（反題），而爲無產階級所摧毀，爲共產主義社會開闢一條大路，這就達到更高的"綜合"。

他所從黑格爾在神祕的形式中得着的，又在李嘉圖與反資本主義學派中找着了一種經濟的表現。屬於十九世紀底第二個十年，且掩護在經濟學體系之下表露了工業與土地貴族之間的對抗和衝突的李嘉圖底著作，自己呈現爲辯證法底眞實性底一種實證。李嘉圖底理論體系底根本觀念如下：

資本是社會底動力，文明底創造者，但牠底活動底果實不是被資本所享受了，而是被土地貴族所享受了。這是正題！現在給以證據。能夠以所欲的任何數量製造出來的一切商品價值都是成於為生產牠們而消耗的勞動量。價值是表現在生產成本中，生產成本底最重要的組織成分是工錢與利潤。工錢與利潤是相互對立着的：工錢若漲高了，利潤就低落了，反之，工錢若低落了，利潤就昇高了。工錢包含着足夠保持工人底勞動力的生活必需品底一定數量。無論何時生活費用若漲高了，工錢很顯明地也必須要提高。事實證明實際情形是如此。下面的推論可以使這個概念更加明瞭。由於資本底文明化底結果，工作機會增加了，人口也繁殖了，於是生活必需品底需要也增進了。農業必然振興起來，但耕種的土地是有限制的，而且土質也是不一致的。農業擴張，耕地不足，就要進而耕種劣質的土地，耕種劣質的土地，就需要更多量的勞動。因爲勞動底總額決定商品底價值，於是生活用費增加了，地租也急劇地漲起來。工人要求較高的工錢，因而僱主底利潤也就減少了。但還有其他情勢要顧及的。農產物底價格旣提高，工業品底價格就要降低，因爲由於機器發明與優越分工底結果，生產製造品只需要較少的勞動量。因此資本之對於文明社會的全部活動底結果，就是利潤底低減，資本底貶價，工錢底增加。但這工錢底增加對於工人並沒有多大的利益，因爲食物底價格一天漲高一天；反之，全部利益都落到土地貴族手上，他們對於文明進步，絲毫無所補益，但他們由地租與保護稅則却取得了一切。

我們於此在李嘉圖底著作中看見了在利潤，工錢與地租之間，或在資產階級，無產階級，以及貴族之間的經濟矛盾底體系，不過在貴族時代，資產階級與無產階級之間的對抗形勢還未發展。

李嘉圖底"經濟學原論"出版的那一年(1817)，就是目擊着英國社會主義勃興的那一年。在那一年，歐文在倫敦城（The City of London）的一個公開會議上宣言他自己為一個社會主義者。三年以後，李嘉圖底政治經濟學底第一次批評出現了。批評指示出來：照李嘉圖說，勞動是價值底源泉，然而他又把資本看作是社會底創造要素，而把工人階級看作僅是資本底一種附屬物。這應該顛倒過來；因為工人創造價值，并創造剩餘生產物，而這種剩餘生產物是被資本所掠奪了。1817年，歐文公開宣言他自己為一個社會主義者；四年後，一封匿名信投給了約翰·羅塞爾勳爵（Lord John Russell）；拉風斯頓發表了他底"資本主義底批評"，約翰·格雷發表了他底講義，何啓斯金發表了他底論資本之不生產的性質的小冊子。在這本小冊子中，他確定了一種激烈的階級鬥爭底存在。

這些著作所給予馬克思的深刻印象，在他底"剩餘價值論"（"Theories on Surplus Value"）第二第三兩卷中可以很清楚地看出來。他採取了牠們。他完成了李嘉圖所暗示的以及反資本主義學派所從李嘉圖演繹的。馬克思怎樣繼續發揮,反覆闡演,我們已經在論"經濟學說綱要"一節中,以及"剩餘價值爲社會動力"一節中看見了,在那裏,他是把資本指爲從工人掠奪去的剩餘價值底積量。

被反資本主義學派從李嘉圖所演繹的論證,在政治上,其意義爲:第一次激醒了英國工人底階級意識,第一次激發了他們反抗資本的鬥爭。正如李嘉圖底價值論與地租論是資產階級反抗貴族政治的戰爭口號——這一戰爭口號創造了自由貿易運動,搖動了土地貴族底經濟權力;價值論與剩餘價值論也就這樣成了無產階級反抗資產階級的戰爭口號,也可以說是工人階級底"獨立宣言"。英國無產階級缺乏一個哲學家把這一觀念直推論到牠底邏輯的結論,直到馬克思纔專心肆志於這個問題,而把牠解決了,實際上,凡能夠解決的哲學問題,他都以爲階級運動所自由運用的科學把牠們解決了.

馬克思底價值論與剩餘價值論是工人反抗資產階級的階級鬥爭底基礎，正猶李嘉圖底地租論是資產階級反抗貴族政治的階級鬥爭底基礎，或如社會契約論與天賦人權論構成了資產階級反抗貴族政治與神權的鬥爭底基礎一樣。

馬克思底分配論也是很正確的；在資本主義經濟制度下的分配，不是依照着所做的生產工作底總額，而是比例着資本底支出以及盛行於流通範圍中的商業手段的巧妙。

馬克思，爲一個無產階級運動規律底研究者，則超絕等倫，爲一個社會學家，則是卓越偉大的先鋒，因此，在經濟理論方面，則是一個"前無古人，後無來者"的煽動者。他底理論體系，比之任何其他社會主義體系，或政治經濟學體系，都是無產階級的思想與感情底更富於革命性的表現。他底價值論,剩餘價值論，歷史底經濟決定論（Doctrine of economic determination of history），從資本主義到社會主義的進化論，政治的經濟的階級鬥爭論,對於羣衆都還有很久的眞理力量,而且還要繼續着去推動羣衆。

當一種統一的體系由黑格爾,李嘉圖,與英國反資本主義學派底要素發展出來,由他對於法國革命與英國社會主義的研究發展出來,而且這一體系被命運注定了要去引導人類走出過去底幽暗壓迫的歷史而進入一種精神文明圓滿地放着鮮艷之花的新世界的時候,馬克思底心中必然是充滿了無限的歡喜。人類是要離開"必然"底王國,而走入"自由"底王國,在自由底王國中,他就可以不再爲他人底利潤做工具,而有着自己的目的,自由地與其同輩聯合,以爲社會大衆服務。

"自由底王國,實際上,只有在那被'必然'與外在效用'所限制的作用停止了的地方纔開始。所以,照着事物底性質說來,牠只有在那實際物質生產底領域以外存在着。正如野蠻人類之爲其需要底滿足,爲自己保存,爲自己生產而與自然界相奮鬥一樣,文明人類也必須這樣與自然界相奮鬥,無論其社會形式或其盛行着的生產方法是怎樣的。這種'先天的必然'(Constitutional Necessity) 是與他們(文明人類)自己的進化平行着發展的，因爲他們底需要增加了；但同時那滿足這些需要的生產力也同樣地增進了。自由之在這一領域中，僅能是這樣構成的——人們在其社會關係，卽聯合的生產者中，應當以合理的態度利用自然界管理物質的交換（或物底交換），要把這種交換放置在人們底統一的支配之下，而不是被自然界所支配，猶如被肓目的勢力所支配着一樣；這種物質的交換應該以最低度的能力消耗在最適合於人類本性，最有裨益於人類本性的條件之下進行。然而卽此，仍然一樣是一種必然底王國。在這一領域底彼方,在那裏人類勢力之可以稱爲'獨立意志'(Independent Purpose) 的那種發展開始了,纔有眞正的自由王國出現，然而這種自由王國也只能在必然王國底基礎上繁榮起來。"——（"資本論"第三卷,第二部,第355頁。)